AF476588

8°Z
LE SENNE
5366

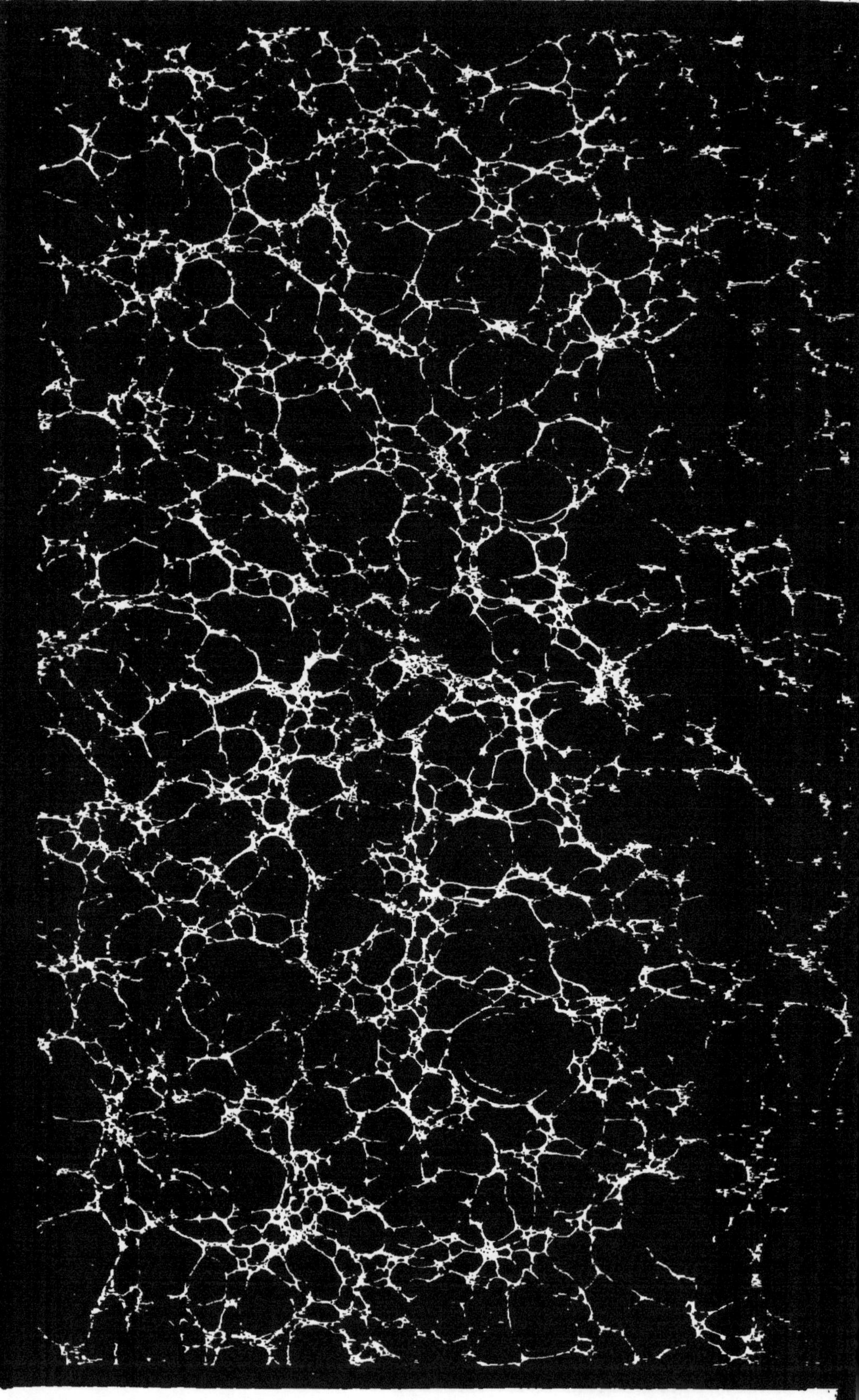

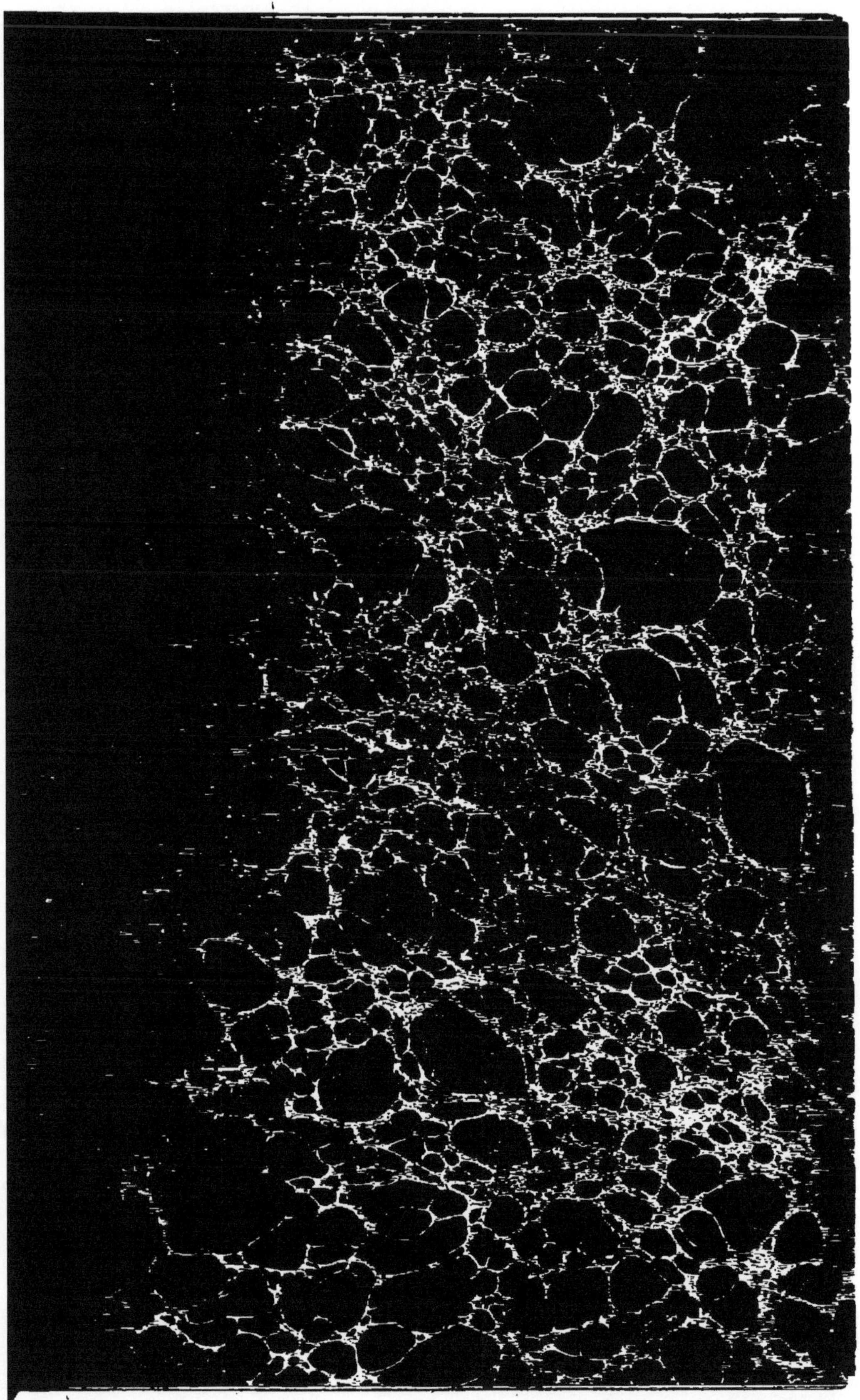

HISTOIRE

DE LA CRINOLINE

AU TEMPS PASSÉ

PARIS, IMPRIMERIE DE PILLET FILS AINÉ
RUE DES GRANDS-AUGUSTINS, 5

HISTOIRE

DE

LA CRINOLINE

AU TEMPS PASSÉ

PAR

ALBERT DE LA FIZELIÈRE

SUIVIE

DE LA SATYRE SUR LES CERCEAUX, PANIERS, ETC

PAR LE CHEVALIER DE NISARD

ET

DE L'INDIGNITÉ ET L'EXTRAVAGANCE DES PANIERS

PAR UN PRÉDICATEUR

PARIS

A. AUBRY, ÉDITEUR, RUE DAUPHINE, 16

1859

HISTOIRE DE LA CRINOLINE

Si interdicta petes, vallo circumdata
... multa tibi tum officient res.
(HORAT., Sat. 2.)

La coquetterie des femmes est plus ancienne que le monde. Je parle ici du monde selon les livres saints; car s'il en faut croire les historiens de la Chine, les jolies femmes de cette nation pratiquoient avec un certain succès l'art de s'allonger les yeux et de se raccourcir les pieds, plus de mille ans déjà avant qu'Éva la blonde eût songé à tailler sa première robe dans le feuillage d'un figuier. Ces artifices supposent sans contredit des connaissances singulièrement raffinées dans le domaine de la mode. Mais, que le lecteur se rassure, je ne veux pas remonter jusqu'à ces époques nébuleuses, afin d'y chercher les premières traces de ce génie sans pareil que déploient les dames pour déguiser une difformité, — si jamais elles en pouvoient avoir, — pour faire valoir leurs charmes ou tromper, à l'occasion, le sexe crédule sur la qualité ou la quantité des attraits qu'il convoite.

Je me contenterai de m'arrêter, en descendant l'échelle des âges, à cette époque suffisamment respectable où la poésie latine aiguisoit, d'un art si délicat, les traits de la vieille et mordante satire.

Dans une pièce intitulée : *Ni trop, ni trop peu,* — ce qu'un moderne chansonnier a traduit ingénieusement par ce vers :

> L'excès en tout est un défaut,

Horace a dit :

> Si interdicta petes, vallo circumdata (nam te
> Hoc facit insanum) multa tibi tum officient res.

Ces deux vers semblent faits à plaisir pour servir d'épigraphe à un traité de la crinoline. Outre leur signification figurée, ils présentent aussi un sens direct suivant lequel on seroit autorisé à supposer que les Romaines de qualité employoient déjà, du temps de l'empereur Auguste, certains ajustements analogues, quant à l'effet, aux vertugadins du seizième siècle ou aux paniers du dix-huitième.

Si ces nobles matrones ne s'entouroient pas de cerceaux, comme nos grand'mères, elles avoient du moins adopté une ampleur considérable dans la façon des *palla* qu'elles portoient en ville pardessus la *stola*, ainsi qu'on peut le vérifier dans le *Traité des vêtements* de Rubenius (1).

Horace semble faire entendre que ces palissades, comme il les appelle, — *vallo circumdata*, — étaient un moyen triomphant d'enflammer l'imagination des roués de Rome, quelque peu blasés par les complaisances de costume des beautés clair-vêtues du demi-monde d'alors; complaisances extrêmement propices aux études de l'art statuaire.

Montaigne paroît avoir partagé l'opinion d'Horace quand il écrivait à propos des vertugadins gascons :

« Pourquoi couvrent-elles de tant d'empeschemens les uns sur les autres les parties où loge principalement nostre admiration? Et à quoi servent ces *gros bastions* — *vallo circumdata* — de quoi les femmes viennent d'armer leurs flancs, qu'à leurrer nostre appetit et nous attirer à elles en nous éloignant. »

Si les vers d'Horace ne suffisent pas à prouver que les dames romaines usoient des mêmes artifices de toilette que les petites-maîtresses du dix-

(1) Alb. Rubenius, De re vestiaria veterum, præcipue de latoclavo libri duo et alia ejusdem opuscula posthuma : accedit J. Bapt. Donii de utraque pœnula. *Antwerp.*, 1665, in-4°, fig.

huitième siècle et les Parisiennes de 1858, Ovide va lui venir en aide, — Ovide dont Jules Janin, ce ciseleur de beau langage, racontoit naguère la vie et les études en un livre qu'on pourroit appeler à juste titre l'histoire de la galanterie dans la littérature latine.

« Les femmes, dit le législateur du *pays de Tendre*, vêtues comme elles le sont aujourd'hui, se trouvent toujours être la moindre partie d'elles-mêmes : vous cherchez ce que vous aimez sans pouvoir le démêler. Gardez-vous d'attendre pour les voir qu'elles soient habillées : leur parure en impose ; tous leurs défauts se perdent sous cet appareil menteur. »

Cette mode décriée par le poëte, fut à son origine comme une réaction opérée par la pudeur contre les robes transparentes de soie lamée d'or dont Sénèque a dit :

« Celle qui peut les vêtir osera-t-elle affirmer qu'elle ne soit pas nue ? Que découvrez-vous dans ces sortes d'habits, si toutefois on peut les appeler habits, qui puisse défendre ou le corps ou la pudeur ? »

Livie, l'une des premières, adopta ces vastes stoles mentionnées par Horace et par Ovide ; Caligula, dit-on, s'écria en la voyant :

« Par Minerve ! c'est Ulysse en habits de femme ! *Ulyssem stolatum.* »

Vers la même époque on inventa les corsets. Dans le principe ils avoient d'abord été formés d'une simple bande d'étoffe dont les jeunes personnes s'entouroient la taille :

> Inflatum circa fascia pectus eat,

dit Ovide : Une bandelette comprime une gorge trop rebondie.

Dans Térence on rencontre un amoureux qui, parlant des perfections d'une jeune étrangère qu'il aime, s'écrie avec enthousiasme : « Cette fille ne ressemble point aux nôtres, à qui leurs mères s'efforçent de baisser la taille et qu'elles obligent de se serrer pour paraître menues. »

Ailleurs une jeune étourdie se désole :

« Qu'ai-je fait, malheureuse ! J'ai perdu en chemin cette lettre que j'avois mise dans mon corset (*inter tuniculam et strophium*). »

On ne tarda guère à garnir ce nouvel ajustement des différents et utiles accessoires pour lesquels nos bonnes faiseuses prennent aujourd'hui des brevets : Ovide recommande quelque part « ces enveloppes ingénieuses qui arrondissent la poitrine et lui prêtent ce qui lui manque. »

Notre poëte ajoute que pour égaliser les épaules, quand l'une est par malheur plus haute que l'autre, il suffit d'en garnir une légèrement :

> Conveniunt tenues capulis analectrides altis ;

« ..... et l'amour fascine les yeux sous cette égide propice. »

> Decipit hac oculos ægide dives amor.

La plupart de ces modes se perdirent dans la dissolution générale de l'empire romain, et des siècles s'écoulèrent en France avant qu'on y revînt; du temps que la reine Berthe filoit, les femmes étoient trop simples, vivoient trop retirées pour s'occuper volontiers de ces petites choses... qui depuis sont devenues l'affaire capitale de la vie d'une élégante.

Les longues guerres d'Italie sous Charles VIII, Louis XII et François Ier eurent pour résultat d'introduire dans la société française les modes de cette radieuse contrée, qui dès lors, grâce à ses merveilleux artistes, commençoit à donner le ton à l'Europe, en matière de goût.

C'est vers cette époque que l'on vit certaines femmes de la cour se montrer dans les réunions avec les bras et la gorge nus. Leurs jupes devenues en même temps plus courtes laissoient aussi entrevoir le bout de leurs pieds.

Bientôt après les modes espagnoles vinrent modifier les modes italiennes : on vit paraître les vertugales ou vertugadins, modèles des *paniers*, et plus ridicules encore que cette invention moderne.

Les dames les plus recommandables n'hésitèrent plus à montrer leur gorge absolument nue, — celles qui l'avaient belle; car les laides tonnoient contre une indécence qu'il ne leur étoit pas possible de commettre, à leur grand regret.

— Quelques-unes, par surcroît de coquetterie, s'ombrageoient légèrement le sein d'un filet de perles ou de pierreries à grands carreaux.

Il y a au musée de Blois, sous le numéro 157, un admirable portrait de Marguerite de Valois, reine de Navarre qui donne une charmante idée de cette mode.

Le goût des vertugadins et des basquines devint une fièvre, une folie; il résista aux édits de deux rois, Charles IX et Henri III, et, ce qui semblera difficile, aux chansons, satires et quolibets auxquels il fut en butte. Étienne Pasquier nous en a légué, dans ses joyeux et spirituels *arrêts d'amour*, un échantillon qui est aussi — comme le trait emprunté à Montaigne — une paraphrase du *vallo circumdata* d'Horace : « Se plaignent les gentilshommes, dit-il, des vasquines, vertugales et grans devans que portent les femmes; nous, pour ce sujet, en avons osté et ostons la coutume, nous rapportans à la mode d'Italie. »

Le bon seigneur de Brantôme raconte, au sujet des vertugadins et des larges collerettes empesées qu'on portoit dans le même temps, une anecdocte assez plaisante et bien choisie pour peindre la facilité des mœurs d'alors.

M. de Fresnes Forget, se trouvant un jour chez la reine Marguerite, lui dit qu'il s'étonnoit comment les femmes, avec de si grandes fraises, pouvoient manger des potages, et surtout comment elles pouvoient être galantes avec de si vastes vertugadins. La reine se prit à rire et ne répondit rien; mais un instant après, comme on lui apportoit de la bouillie pour la collation, elle se fit donner une cuillère à long manche, au moyen de laquelle elle mangea facilement sa bouillie, sans tacher sa fraise.

« Voyez, dit-elle, M. de Fresne, avec de l'intelligence il y a remède à tout.

— Oui-dà, madame, répondit le bonhomme, quant à ce côté-là, me voilà tranquille. »

Un prédicateur de la ligue, violent et agressif comme les gens d'Église ne se faisoient pas faute de l'être à cette époque, tonna du haut de la chaire contre ces « *bricoles* » nfernales. « Les femmes qui les portent, crioit-il en s'adressant à la reine et à la cour, portent le diable en croupe. » Mais ces beaux sermons n'y firent pas plus que les chansons et les édits; les vertugadins résistèrent bravement et tombèrent d'eux-mêmes..... sous Louis XIII.

Ces vertugales et basquines étoient, je l'ai dit plus haut, d'origine espagnole. On les formoit d'un ceinturon fait de grosse toile, soutenu d'un cercle en fil de fer, pour relever les jupes autour des reins.

Les Espagnols les nommoient *verdugales,* dit Jacob le Duchat, par rapport aux ceinturons où les hommes attachoient leur épée et appelés *verdugo,* du latin *verutum*. On a prétendu que le diminutif vertugadin, adopté depuis, dérivoit de *vertu-gard'infant*, ainsi nommé parce que cet ajustement garantit de tout choc le sein de la mère. D'ailleurs la fureur de l'étymologie ne devoit pas s'arrêter en si beau chemin : j'ai lu dans un dictionnaire que le mot *basquine* désignant, selon Borel, une robe fort ample étendue au moyen d'un cercle, venoit en ligne directe du grec *bascaînô*, équivalent de fasciner; parce que les femmes attiroient les regards des hommes par la richesse des formes que de telles robes faisoient supposer. Il étoit pourtant si facile de se rappeler que la basquine ou *hoche-plis* étoit née chez les Basques. Mais à quoi serviroit d'être savant, hélas! s'il falloit voir tout bonnement les choses telles qu'elles sont ?

Rabelais, qui n'ignore rien, nous apprend, dans sa description des costumes de l'abbaye de Thélème, de quelle façon on disposoit ces vêtements :

« Les dames, au-dessus de la chemise vestoient la belle vasquine de quelque beau camelot de soye; sus icelle vestoient la verdugale de tafetas blanc, rouge, tanné, gris, etc.; au-dessus la cotte de tafetas d'argent faict à broderie de fin or, et à l'agueille entortillé ou de satin, damas, velours : orangé, tanné, verd, cendré, bleu, tanné-clair, rouge cramoisi, blanc, drap d'or, toile d'argent, de canetille, de brodure selon les festes, etc. »

Cette méthode de placer trois robes l'une sur

l'autre se trouve aussi mentionnée dans une pièce à peu près du même temps que le *Gargantua*, et en des termes qui rappellent les droits respectifs des dames nobles et des bourgeoises en matière de toilette.

> **Pour une cotte qu'a la femme du bourgeois,**
> **La dame en a sur soy l'une sur l'autre trois,**
> **Que toutes elle faict esgalement paroistre,**
> **Et par là se faict plus que bourgeoise cognoistre.**

J'ai parlé de satires et de chansons; on en fit et des plus cruelles, à Paris et en province.

Il arriva de Lyon en 1556, le *Débat et complainte des meuniers et meunières à l'encontre des vertugales*; puis, en 1563, le *Blason des basquines et vertugales, avec la remontrance qu'ont faict quelques dames, quand on leur a remontré qu'il n'en falloit plus porter*. On y trouve des vers tels que ceux-ci :

> **. . . . . O la gente musquine!**
> **Qu'elle a une belle basquine!**
> **Sa vertugale est bien troussée**
> **Pour être bientôt engrossée.**
> . . . .

Mais je me hâte de laisser cette strophe pour passer à une autre : il faut être sobre dans les citations qu'on peut faire de cette satire; car le françois du temps, prenant exemple du latin, s'inquiète peu si le lecteur veut être respecté.

> **Iceluy (Dieu) vous fait à sçavoir,**
> **Qui a entierement povoir**

Sus vostre corps et sus vostre ame
Qu'il se vengera du diffame
Que journellement commettez
Par voz grans impudicitez.
Que vous servent ces vertugalles,
Sinon engendrer des scandalles?
Quel bien apportent vos basquines
Fors de lubricité les signes?

. . . .

Le peuple dit : « Voyez la belle
Pense estre plus jolie en elle
Pour ce qu'ainsi elle s'appreste. »
« O! se dit l'autre, qu'elle est beste!
Pour fournir à tel ornement
Chez elle vit fort pouvrement. »

Les vertugadins étoient donc déjà, comme aujourd'hui, ce que les femmes du peuple apellent, dans leur langage imagé, des « couvre-misère; » faisant ainsi allusion au linge déconfit qui se cache dessous.

On vit paroître quelque temps après la *Plaisante complainte de monsieur le Cul contre les inventeurs des vertugalles*, par Guillaume Hyver. Elle débute par cette épigramme :

Ung temps fut, avant telz usaiges,
Lorsque les femmes estoient saiges...
Devinez, lecteurs, quand c'estoit?

On fit à cette complainte une réponse en chanson, sur l'air de : *Ce premier jour d'apvril courtoys*, qui alors étoit en grande vogue :

La vertugalle nous aurons,
Maulgré eulx et leur faulse envie,
Et le busque au sein porterons;
N'esse pas usance jolye ?

Henri III avoit fait des ordonnances très-sévères, d'abord pour arrêter la mode des vertugadins, et ensuite pour en limiter l'usage dans les classes aristocratiques; elles eurent peu d'effet et elles étoient déjà tombées en désuétude lorsque Henri IV monta sur le trône.

Le bon roi — sans doute en vue de la fameuse « poule au pot, » dont le luxe excessif des femmes menaçoit de rendre l'avénement si difficile, par la gêne qu'il introduisoit dans les ménages — s'empressa de publier aussi un édit somptuaire. On retrouve dans la forme originale de cette pièce l'esprit goguenard et la bonhomie maligne du Béarnois; la voici :

« Nous défendons expressément à tous nos sujets, de quelque qualité ou condition qu'ils puissent être, dans tous les lieux et terres de notre obéissance, de porter or ni argent, ni excès d'étoffe sur leurs habits, de quelque manière et sous quelque prétexte que ce soit, excepté cependant aux femmes de joie et aux filous, en qui nous ne prenons pas assez d'intérêt, pour leur faire l'honneur de donner notre attention à leur conduite. »

Quoiqu'il y eût un mois de délai du jour de la publication de cet édit, le lendemain personne n'osa porter les habits désignés, tant les hommes et les femmes de la cour et de la bourgeoisie eurent peur de passer pour des privilégiés.

Je ne sais pas si une pareille ordonnance auroit du succès aujourd'hui : peut-être que dans le temps où nous vivons bien des femmes aimeroient mieux qu'on doutât de leur vertu que de leur fortune, si j'en juge par les efforts de beaucoup d'entre elles pour ressembler à ces demoiselles.

Lorsque arriva le règne de Louis XIII, les bourgeoises ne se faisoient plus faute d'imiter les grandes dames, et celles-ci ne trouvèrent pas d'autre moyen de se distinguer de leurs rivales que d'exagérer encore leur parure.

Le *Discours sur la mode*, publié en 1613, en donne la preuve :

Le grand vertugadin est commun aux Françoises,
Dont usent maintenant librement les bourgeoises,
Tout de mesmé que font les dames, si ce n'est
Qu'avec un plus petit la bourgeoise paroist ;
Car les dames ne sont pas bien accommodées
Si leur vertúgadin n'est large dix coudées.

Lorsque les femmes de qualité furent bien assurées qu'aucun édit somptuaire ne viendroit empêcher les bourgeoises de marcher de pair avec elles dans les promenades et dans tous les lieux publics, quant à la forme des vêtements du moins, elles renoncèrent d'elles mêmes à leurs vertugadins, et cet ornement disparut pour un temps.

Le parlement de Paris, dont les membres vivoient en grande familiarité avec les belles dames de la cour, ne songea pas sérieusement à faire respecter les vieux édits contre les vertugadins. Il n'en fut pas de même de certains parlements de province. Celui de Dombes, entre autres, et celui d'Aix, qui avoit toujours été très-rigoriste, prirent en main la cause de la loi contre la frivolité de la mode.

Le parlement d'Aix avoit d'autant plus raison de se montrer sévère en matière de vertugadins, que de tels correctifs déshonoroient la taille des Arlésiennes, la plus élancée et la plus souple qu'on connoisse, et devenoient une véritable superfétation sous les robes des belles filles d'Arles, cette postérité si richement douée de Vénus Callipyge.

En 1619 il rendit obligatoires, par un arrêt, les ordonnances antérieures, et toutes les dames de la généralité s'empressèrent d'obéir. Un seul cotillon sembla se mettre en rébellion ouverte contre la loi. Il appartenoit à la demoiselle de Lacépède, veuve d'un sieur de la Coste. Il étoit gonflé de telle sorte que la rumeur publique désigna la délinquante à la cour.

Elle comparut avec l'attirail même du délit

incriminé, c'est-à-dire vêtue d'une robe séditieusement vaste dans sa circonférence.

Le tribunal fulminoit déjà contre une pareille audace, lorsque, d'un mot, la dame fit tomber, comme par enchantement, la colère de ses juges : elle déclara sur l'honneur « que cette exagération de hanches, objet du délit, n'étoit autre qu'un don de nature. »

Le cas devenoit délicat; une voix inconsidérée prononça même le mot de vérification; mais la justice, flattée dans son amour-propre national, se déclara satisfaite, contre l'avis de ce nouveau saint Thomas, et la dame put se retirer sans avoir été forcée de répéter le *vide Thomas, vide latus,* de la prose de la Passion.

Sous le règne de Louis XIV, le luxe se rejeta sur une autre sorte d'ajustements; mais les magnificences imaginées par les femmes du monde pour écraser les bourgeoises, ne servirent qu'à faire briller d'un nouvel éclat ces enrichies de la veille. Elles soutinrent victorieusement la lutte contre leurs nobles rivales, tant qu'elle demeura sur le terrain de la dépense.

« Le luxe, dit à ce propos le jurisconsulte Pierre Taisant, de Dijon, dans une des remarques dont il avoit rempli soixante-douze cahiers, le luxe est, ce me semble, au dernier période où il peut aller; tout est dans une si grande confusion qu'aux Tuileries, où les laquais ne suivent pas leurs maîtresses, on ne distingue pas la femme d'un procureur de celle d'un duc. Il y a cinquante ou soixante procureuses à Paris qui ont des habits de velours galonnés d'or; si la reine et madame la Dauphine vivoient encore, qu'auroient-elles de plus? Louis le Grand, à qui l'Europe ne résiste pas, n'a point le pouvoir de faire exécuter les ordonnances qu'il a tant de fois réitérées sur les habits, et il y a lieu de douter que Sa Majesté en vienne jamais à bout. »

Le vertugadin, mis de côté pendant près de cent ans, reparut vers 1718 ou 1719 sous le nom de PANIER.

Ce fut, au moment de cette résurrection, un TOLLE général, mais les femmes tinrent bon et la mode s'établit.

Le clergé s'en émut : il attaqua cet ennemi nouveau, cet engin du diable, par la parole, par la plume, et, ce qui est ordinairement plus efficace, par la confession. Rien ne put y faire.

L'oratorien Duguet fulmina son traité de l'*Indécence des paniers*; cela fit grand bruit, à la vérité : quelques femmes, redoutant plus encore le péché que le ridicule de se soustraire à un usage général, abandonnèrent bien pour un instant une mode qu'elles avoient peut-être acceptée trop inconsidérément; mais ce ne fut qu'un remords passager, une courte honte, le panier triompha.

Ce P. Duguet avançoit des arguments de ce genre :

« L'enflure des paniers porte à l'esprit l'idée de nudité. L'impression qui en reste salit l'imagination. Il y a dans cette mode beaucoup d'incommodité, de l'aveu même de celles qui en sont le plus entichées; elle est gênante pour soi et pour les autres. »

« Voilà la meilleure des raisons » a écrit le sceptique Jamet, sur la marge de son exemplaire, en regard de ce passage.

La duchesse de Bouillon, l'une des femmes les plus galantes de ce siècle de galanterie, abhorroit les paniers pour le même motif et pour un autre aussi, qui l'empêchoit de porter des franges et des galons d'or au bas de ses robes.

« Les inconvénients qui naissent tous les jours des paniers, ajoute notre prédicateur, pour peu que les personnes qui les portent manquent d'attention sur elles-mêmes quand elles marchent, quand elles sont assises, quand elles se trouvent élevées, quand elles s'agitent, sont capables de faire rougir les moins délicates sur l'article de la pudeur. »

Ces considérations et d'autres de même nature ont inspiré en 1763 un petit conte libre très-plaisant : le *Caleçon des coquettes du jour,* dans lequel on raconte en vers badins le danger des paniers dans les chutes ou par un coup de vent, et l'invention des caleçons qui en résulta.

Le P. Duguet prétendoit enfin que les paniers

avoient une origine vicieuse, en ce qu'on les avoit portés pour la première fois afin de déguiser des grossesses criminelles.

Le brave oratorien avoit-il donc lu la plaisante pièce de la *Nephelococugie*, par Pierre le Loyer, sieur de la Brosse, qui fait dire à l'un de ses personnages :

Ici font flamber les rues,
De leurs joyaux et atours,
Les femmes qui sont toujours
En leurs habits dissolues.
Elles montrent leur tetin,
Et masquent leur face, afin
Que l'amant transi leur touche
Le tetin avant la bouche,
Et qu'il aille recevant
Le plaisir d'aimer, devant
Qu'il conçoive dedans l'ame
Combien l'amour a de flamme.
De ça les dames plus fines
Pour leur grossesse cacher,
On voit la rue empêcher,
Portant des larges vasquines.

Il y a dans cette pièce des traits charmants, mais ceux que je rapporte donnent une idée de ce que peuvent être ceux que je n'ose transcrire ici. Je ne saurois cependant passer sous silence la strophe suivante, qui nous dénonce l'ancienneté d'une autre mode, encore en honneur aujourd'hui chez beaucoup de femmes et qui succéda aux paniers :

Là marchent à graves pas
Renforcées par le bas,
Celles qui deux culs supportent
Soubs les robes qu'elles portent,
Des quels l'ung de chair. . . .
. . . .
L'autre de laine et de bourre,
Autour leurs fesses embourre.

Ainsi les culs de crin, culs de Paris ou polissons, ces petits matelas qu'on portoit il y a dix ou douze ans à peine, et qu'on retrouveroit sans doute encore au fond de quelque province éloignée, n'étoient pas autre chose que ceux dont Pierre le Loyer nous a laissé cette description pittoresque.

Tandis que le R. P. Duguet unissoit sa voix à celle du vieux Pierre le Loyer pour incriminer l'invention des vertugadins, le journal de Verdun publioit de son côté une épigramme sur le même sujet et bâtie sur la même idée :

« Autrefois, dit-il, dans son cahier d'octobre 1724, les mères prenoient un soin extrême de conserver à leurs filles une taille fine et déliée : présentement les vertugadins d'Espagne et d'Italie se sont introduits en France sous le nom de *paniers*; c'est une mode venue au secours de la fausse pudeur :

Fille jadis sage n'en portoit point;
Un cotillon alors bien étroit et bien joint
Receloit ses beautés.
Cet habit n'occupoit qu'un terrain fort honnête,
On ne la mesuroit que des pieds à la tête,
Et non par l'ampleur des côtez.

Puis il y ajoutoit la chanson suivante, sur l'air *des Pendus*.

Pour cacher les larcins d'amour
Vertugadin fut mis au jour :
Il est propre pour ce mystère,
Dans un creux et vaste circuit,
On ôte la vue au vulgaire
De ce que l'amour y produit.

Là l'industrieux Cupidon
Sans crainte du qu'en dira-t-on,
Joue, badine et se contente,
S'introduit avec liberté;
De ce digne panier qu'on vante,
N'est-ce pas là l'utilité?

Je veux croire pieusement
Que le beau sexe innocemment,
En fait aujourd'hui ses délices;
Mais une en usant autrement,
Les autres deviennent complices
De ce trompeur déguisement.

Malgré tous les efforts des prédicateurs pour prouver le scandale et l'indécence des paniers; malgré le ridicule que les recueils de poésies et les journaux tentèrent de déverser sur eux, la mode en subsista quarante ans durant. Combien ne trouveroit-on pas dans les oubliettes de l'histoire de grandes et utiles inventions qui n'ont pu durer, faute de rencontrer une persistance suffisante dans le goût public?

D'ailleurs les jansénistes, en haine des jésuites et des oratoriens, avaient autorisé les paniers, à la condition qu'ils ne fussent pas trop grands.

Il n'y a pas de petits moyens pour les controversistes, quand il s'agit de gagner une partie : les jansénistes marquèrent un point, et les petits paniers prévalurent dans les salons, où ils prirent dès lors le nom de leurs dévots patrons.

C'étoit encore-là une habitude du temps : les femmes n'avoient-elles pas naguère donné le nom de *Bourdaloue* à des pots de chambres ovales qu'elles cachoient dans un tiroir de leur chiffonnier et dont elles avoient le talent de se servir *in petto*, devant le monde, sous leur panier.

Il ne faut pas s'étonner après cela si, les discussions des jésuites et des jansénistes étant placées sur ce terrain, maints cas de conscience furent proposés sur cet énorme sujet. Il font à peu près tous les frais d'un petit livre intitulé : *Entretiens d'une femme de qualité avec son directeur sur les paniers*, Paris 1737, fatras semi-religieux d'un jésuite qui attaque simultanément et avec des arguments d'égale force, les folies de la mode et les hérésies de Jansénius.

A peu près vers le même temps les paniers, qui venoient de jouer un rôle dans les querelles de religion, acquirent tout à coup une importance politique et une influence considérable sur les intérêts commerciaux de la Hollande. En effet, au mois de juin 1722, les états généraux autorisèrent l'emprunt de six cent mille florins, que M. le prince d'Ostfrise fit faire sous leur cautionnement. Cette somme était destinée « a soutenir la compagnie formé à Ostfrise pour la pêche de la baleine, dont le commerce s'étendoit chaque jour davantage par la consommation extraordinaire de fanons ou côtes de baleine employées pour les cerceaux des femmes. »

Si l'on veut se former une idée de la dépense extraordinaire qu'occasionnoient les toilettes extravagantes du siècle dernier, il suffit de jeter un coup d'œil sur la *Satire nouvelle contre le luxe des femmes*. Bien qu'elle soit antérieure de cinq ou six ans à l'avénement définitif des paniers, on y pressent déjà l'accroissement progressif des falbalas, qui alloient aboutir prochainement au gigantesque ballon de madame Gigogne, cette personnification drolatique de la bourgeoise exagérant tout, faute de goût, et qui abrite sous son jupon sa famille et son ménage tout entier.

Argus, s'il en faut croire à la metamorphose,
Pour certaines raisons tristement assommé
Par la reyne des Dieux en Paôn fut transformé ;

Aussi bien elle avoit causé son infortune.
Cette metamorphose à Paris est commune :
Les femmes qu'on y voit sont tout autant de Paôns,
Grâce à la *prétintaille* et surtout aux rubans
Qui de mille couleurs nous fatiguent la vuë,
On ne sait si leur taille est grossière ou menue ;
Une étoffe, Damon, entassée en monceaux
Peut servir à couvrir de terribles défauts.
Je ne m'explique point, j'aurois peur d'en trop dire,
Et si j'en disois trop j'entrevois la satire.

. . . .

Je sais que, grâce au ciel, je n'ay femme ny fille,
Ainsi ce mal commun ne me touche pas tant,
Que tel qui chaque jour en est pour son argent.
Mais je ne laisse pas d'en sentir quelqu'atteinte

. . . .

Mon procureur, avide autant qu'on le peut être
Par ses vexations me fait assez connoître,
Qu'au luxe de sa fille un plaideur doit fournir.

. . . .

Il me faut débourser mes beaux écus comptans,
Tantôt pour falbalas, tantôt pour abattans,
Et le quart tout au moins de l'argent que je donne
Et pour *Rayon, Mary, Colinette, Crémone,*
Sourcils de Hannetons, Mousquetaires, Souris,
Battans-pouce, Assassins, Suffoquans, Favoris...
Ma mémoire, Damon, n'est pas assez fidelle
Pour pouvoir achever toute la kirielle.
Pretintaille est à part, car c'est là le gros lot ;
Et tu veux cependant que je ne dise mot !
S'il faut chez le marchand aller faire une emplette
Ne fut-ce que d'un rien, j'en reviens bourse nette.

Félicitons-nous : un bon cachemire aujourd'hui nous met à l'abri de toutes ces fanfreluches ruineuses; nous n'avons plus à redouter que les volants, les crinolines et les dentelles, et les bracelets, et les ombrelles, et les broches, et les mouchoirs brodés, et les bavolets, et les... etc., etc., enfin le strict superflu : les pères et les maris se peuvent rassurer.

A partir de 1727 la fureur des paniers ne connut plus de bornes; la reine elle-même, la reine Marie Leczinska, la prude et la dévote, tomba dans ce travers et trouva moyen de l'exagérer. Il en résulta un conflit qui faillit faire révolution et causa bien des insomnies à ce pauvre cardinal de Noailles.

On lit dans le *Journal* de Barbier, dont l'éditeur Charpentier vient de publier une édition très-complète : « On ne croiroit jamais que le cardinal a été embarrassé par rapport aux paniers que les femmes portent sous leurs jupes pour les rendre larges et évasées. Ils sont si amples qu'en s'asseyant cela pousse les baleines et fait un écart étonnant, en sorte qu'on a été obligé de faire des fauteuils exprès. Il ne peut pas tenir plus de trois femmes dans de grandes loges de spectacle. Cette mode est devenue extravagante comme tout ce qui est extrême; de manière que les princesses étant assises à côté de la reine, leurs jupes, qui remontoient cachoient celles de Sa Majesté. Cela a paru impertinent; mais le remède étoit difficile et, à force d'y rêver, le cardinal a trouvé qu'il y auroit toujours un fauteuil vide de chaque côté de la reine, ce qui l'empêcheroit d'être incommodée. On a pris pour prétexte que ces deux fauteuils étoient destinés à mesdames de France..... » qui n'étoient pas nées.

On croiroit volontiers que grâce à l'autorité d'un prétexte aussi conforme aux principes de l'étiquette royale, le cardinal de Noailles étoit sorti sain et sauf de cette épineuse question : il n'en fut pourtant rien. Deux mois plus tard Barbier, fidèle historien de la cour et de la ville, écrivoit dans son journal : « L'histoire des paniers a eu des suites; comme il y eut de la distinction entre la reine et les princesses du sang, celles-ci ont voulu en avoir avec les duchesses, et de fait, elles ont obtenu un tabouret vide entre elles. Cela a fort piqué les ducs et il a couru un écrit très-vif et très-injurieux contre les princes du sang. Cet écrit fut attribué au duc de la Trémoille ou au chevalier de Rohan-Chabot, parce que ce sont là les grandes maisons de nos ducs; mais, par bonheur pour l'auteur, on ne sait pas de qui cela vient. »

Ce libelle dont parle Barbier fut déféré à la justice et condamné au feu par arrêt du parlement. Le *Mercure de France* rapporta le texte de cet arrêt, conçu, comme on va le voir, en des termes pesés avec soin, pour faire supposer que la cour n'attribuoit pas ce pamphlet aux auteurs titrés de qui le nom étoit dans toutes les bouches.

« Attendu qu'on voit dans ce libelle infâme un écrivain sans caractère et sans nom se livrer aux égarements de son esprit, sur des faits qui se sont passés à la cour, sous les yeux mêmes du roi, et qui intéressent les princes de son sang; franchir toutes les bornes du respect qui leur est dû et prêter à celui qu'il affecte de défendre une apologie indécente dont ils ont vu le désaveu le plus solennel de sa part;

« Ordonne que ledit libelle sera lacéré et brûlé en la cour du palais, au pied du grand escalier d'icelui, par l'exécuteur de la haute justice. »

De toutes parts alors on attaqua l'usage à la mode; le théâtre se garda bien de rester en arrière. Legrand avoit déjà donné à Chantilly, en 1722, puis à Paris, en 1723, la comédie des *Paniers*, parade très-amusante; la Comédie italienne ajouta à ce répertoire burlesque les *Paniers* ou les *Vieilles précieuses*.

Les *Paniers* de Legrand n'offroient qu'une farce taillée sur le patron habituel des comédies d'intrigue de cette époque : une vieille tante avare et folle, une nièce amoureuse et persécutée, un amant secondé par un valet aigrefin, avec le secours d'une soubrette experte en tromperie, tous ces personnages enveloppés dans un *imbroglio* d'enlèvement dont des paniers extravagants font tous les frais.

La pièce finit par un divertissement et un vaudeville où l'on chante les couplets suivants :

Le vertugadin ridicule
Dans nos jeunes ans,
Se porte à présent sans scrupule,
Comme au bon vieux temps.

Il faut qu'à la mode
Chacun s'accommode ;
Le fou l'introduit,
Le sage la suit.

Tous les affiquets
Et colifichets
Qu'aujourd'hui l'on admire
A la foire au palais,
Dans deux jours feront rire,
Et de la satire
Seront les objets.

Il faut qu'à la mode, etc.

Et plus loin :

La vieille Aminte au teint usé,
A fait recrépir son visage ;
A l'ombre d'un tignon frisé
Elle croit nous cacher son age :
Cette folle avec son panier
A l'air du colosse de Rhode,
Et dit, pour se justifier,
Il faut suivre la mode.

Les *Paniers* ou les *Vieilles précieuses*, Paris, Cailleau, 1724, ont une portée satirique bien supérieure à la précédente et, ce qui importe surtout à l'histoire de cette mode, ils renferment de précieux renseignements qu'on ne trouve guère que là.

Arlequin, sous le nom de madame la Vertugadinière, apporte des paniers à une vieille folle nommée madame Mélisse. Imitant le bavardage d'une marchande habile, il énumère toutes les variétés connues de l'ajustement à la mode. « J'ai, dit-il, des bannes, des cerceaux, des paniers, des vollans, des criardes, des matelas piqués et des sacrifices. J'en ai de *solides*, qui ne peuvent lever, à l'usage des prudes; des *plians* pour les galantes, et des *mixtes* pour les dames du tiers état.

« Sçavez-vous, continue-t-il, que j'ay quinze ouvrières employées depuis quinze jours à faire un *panier en culotte* pour la femme d'un procureur. J'en ai de toute espèce, à l'angloise, à la françoise, à l'espagnole, à l'italienne. J'en fais en *cerceaux* de porteurs d'eau pour les tailles rondelettes, en *bannes* pour les minces, en *lanternes* pour les Vénus sans *matelas postérieurs*. »

« Qu'une femme soit trop chargée de cuisine par devant, cela disparoît sous la vaste étendue de mes paniers; qu'elle n'ait ni la quarrure, ni l'égalité des hanches requises, le panier les lui donne. »

Après une succession de folies imaginées dans le but de rapprocher Arlequin de Colombine et de faciliter leur mariage, l'auteur amène habilement quelques scènes composées dans l'intention d'exagérer les inconvénients les plus burlesques des paniers. Ainsi madame Mélisse, en essayant de souffleter un des personnages, accroche le lacet de son vertugadin et le tire, ce qui le fait enfler en se relevant outre mesure. Plus tard, elle veut sortir, les portes à deux battants sont trop étroites pour la laisser passer; elle fait des tentatives pour forcer le passage, elle tombe et ne peut plus se relever. La pièce arrive ainsi au dénoûment à travers cent lazzi de ce genre et avec des traits qui ne sont pas toujours dépourvus d'esprit.

Mais rien n'approche pour la violence, ni même pour la gaieté, des sermons prêchés dans les églises, ni de quelques mandements devenus célèbres. On a sur ce sujet d'éclatantes sorties du P. Bridaine; le traité de *l'Indignité et de l'extravagance des Paniers*, que nous avons imprimé à la fin de ce volume; enfin le 5 septembre 1732, l'archevêque d'Arles, Jacques de Forbin-Janson, lança un mandement qui finissait par ces mots :

« Nos anciens poëtes provençaux auroient pu justement appeler *crebeçaos de magaigne* — je n'ose pas traduire l'épithète — ou *banastes d'infero* (corbeilles d'enfer) ces paniers qui méritent l'humiliant nom d'*opercula iniquitatis.* »

C'est seulement en 1759 que Mlles Clairon et Hus, de la Comédie française, eurent le courage de quitter à la scène « cette monstrueuse machine appelée panier, » pour chercher à peindre aux yeux les caractères nationaux des personnages qu'elles représentoient.

Ce trait d'audace engagea quelques femmes de goût à réduire un peu l'ampleur de leurs robes, et pour répondre à ce louable désir le sieur Panard, tailleur pour dames, invita la *Feuille nécessaire*, journal d'annonces qui avoit, le premier, fait connoître la décision de Mlles Clairon et Hus, à dire que, « tout en continuant à faire des robes de dix façons différentes, il étoit inventeur d'un procédé nommé les *Considérations*, pour soutenir les robes avec grâce, sans paniers et sans être obligée de porter beaucoup de jupons. » Ces *Considérations* n'étoient pas autre chose que les *cu's de crins* de la *Nephelococugie*, de Pierre le Loyer.

La production la plus complète et la plus spirituelle qu'ait inspirée la mode des paniers est une pièce anonyme presque introuvable, publiée en 1727 par le chevalier D..., sous le titre de : *Satire sur les cerceaux, paniers, criardes et manteaux volans des femmes, et sur leurs autres ajustemens.*

Le chevalier de Nisard, à qui l'on devoit déjà une amusante et curieuse satire sur les femmes de la bourgeoisie qui se font appeler Madame, en est l'auteur. Il lança dans le monde où il avoit ses entrées — ayant été de la troupe folâtre des familiers du régent, qui se tenoient sur la frontière de la cour avec un pied dans la ville, à l'affût de toutes les chroniques et de tous les scandales — cette satire, celle-là même que nous publions ici, et elle y tomba comme la bombe ennemie sur un magasin à poudre, au milieu des quolibets, des arrêts, des épigrammes, des sermons, des comédies, des mandements, des chansons, des traités et des vaudevilles que nous avons rapportés : ce fut une explosion.

Les sermons, les vaudevilles, les épigrammes, les mandements, les chansons et les quolibets renaissent aujourd'hui et s'acharnent à l'envi sur la crinoline, cette descendante bien descendue des paniers, comme ceux-ci étoient issus eux-mêmes des vertugadins.

Puisque la satire ne daigne plus sortir de la coupole académique où M. Viennet la fait tonner périodiquement pour un cercle d'intimes, il ne sera peut-être pas inopportun de remettre au jour et de faire éclater sur les hauteurs de Bréda-Street, celle que le chevalier de Nisard amoncela avec une verve si mordante sur la tête des marquises du Marais et des princesses de la Grange-Batelière.

A. de L.

SATYRE

SUR LES

CERCEAUX, PANIERS, CRIARDES

ET

MANTEAUX VOLANS DES FEMMES

ET SUR LEURS AUTRES AJUSTEMENS

PRÉFACE DE LA PREMIÈRE ÉDITION

EN FORME DE LETTRE

A MADAME DE L****

Ce que je vous ai ouï dire, MADAME, sur l'usage immodéré des Cerceaux, dont les Dames de la Ville augmentent chaque jour le ridicule, m'a enfin déterminé d'en faire une Critique. J'avois déjà entendu quelques Femmes de condition d'un goût très-délicat, s'écrier très-fort sur l'inconsidération de Bourgeoises, d'ajouter à la Mode tant de traits extravagans; mais depuis que vous avez jugé qu'elles méritaient une Satyre, j'ay pensé que ma Muse ne pouvoit se tromper en suivant un si sage conseil : Je vous l'envoye, MADAME, pour en juger.

Je dois vous prévenir sur la familiarité des pensées dont j'ai esté obligé de me servir : j'ai crû que, pour rendre utile cette Critique, il falloit peindre à l'esprit les disgraces attachées aux vanitez et aux dereglemens de la Mode, afin d'obliger celles qui en font un mauvais usage, à faire plus de réflexions sur leurs devoirs; et comme une Critique sèche et un stile froid font peu de progrès sur les esprits, et qu'il n'y a que les descriptions naturelles qui attachent et qui forcent, pour ainsi dire, les Lecteurs d'entrer dans l'esprit de la Morale cachée sous l'apas de ces choses agréables à lire; j'ai pensé qu'il n'y avoit que cette voye à venir pour obliger les Coquettes à suivre moderément les Privileges de la Mode, et à ne s'en point servir, pour donner lieu à la Critique d'interpreter criminellement les actions les plus innocentes : En effet, MADAME, il est du propre de la Nature indisciplinée de se porter toûjours au mal, et d'en penser beaucoup sur les moindres apparences.

Les plus sages ou les moins déraisonnables ne peuvent s'empêcher de blâmer cet excès où les Femmes et les Filles du temps font aller la Mode, quand sous l'abri d'un Manteau Volant et d'une Jupe cerclée de trente pieds de circonférence, l'on pense qu'il est possible de cacher les disgraces de la Nature, ou les marques qu'elle laisse de ses faiblesses.

Cette idée générale, à laquelle donne lieu l'inconsidération des petites bourgeoises, fait, MADAME, l'objet de ma Critique, estant vrai qu'il est du propre des Femmes de cet ordre, d'oser imiter les nobles inventions des véritables Dames, et d'y ajouter, à telle extrémité, qu'il n'est point de Modes dont elles n'altèrent les grâces et n'outrent, pour ainsi dire, les Priviléges qu'elles acquiérent dans le Monde.

Comme l'objet de cette Critique n'a rien de sérieux, et ne peut avoir d'autres applications que celles que je lui donne, il s'ensuit par une nécessité de dépendance, que je n'ai pu lui refuser, les traits vifs et plaisans qu'exige la Poésie, mais dont j'ai retranché l'obscénité pour adoucir les libertés du Langage.

Quelque récréatives que soient les Histoires que je rapporte, le voile dont je me sers pour couvrir les grâces naturelles, les cachent, MADAME, suffisamment pour estre en état de paroistre sous vos yeux : toutes les Dames de votre Cercle l'ont aprouvé, je dois attendre de vous la même chose, puisque je vous suis redevable de mes idées, et qu'il n'y a que vous à qui je sois obligé d'obéir quand vous ordonnez. Je suis,

MADAME,

Votre très-obéissant,

serviteur,

L. C. D*********

SATYRE

Ce n'est que pour vous égayer,
Mesdames, que je vous suplie
De lire, sans vous effrayer,
L'ouvrage que je vous dédie :
Quoiqu'il semble être contre vous,
Il est pourtant à votre gloire;
N'allez pas vous mettre en couroux,
Pour deshonorer votre histoire;
Il en faut rire, s'il vous plaist,
Ou, si mon Art ne peut suffire,
Considerez votre interest,
Comme le sujet qui m'inspire.
Je dois, par respect pour la Cour
Et pour les sages de la Ville,
Distinguer au flambeau du jour
La prudente de l'indocile.

N'en croyez point l'exterieur,
Les apparences sont trompeuses :
Je n'en veux qu'à la vaine erreur
De toutes les ambitieuses.
Je vous attaque et vous deffends,
Suspendez, malgré la Satire,
L'aveu des premiers mouvemens,
Pour sçavoir ce que je veux dire,
Si je vous flatois de l'espoir
D'une loüange legitime :
Peut-estre que de ce devoir
Vous ne feriez pas grande estime.
Pour vous forcer à l'accepter,
Je luy donne un air de satire,
Qui sçaura vous solliciter
Et vous contraindre de la lire ;
Sans cela vous refuseriez
Les loüanges qui vous sont dûes,
Et par là vous m'obligeriez
A plaindre mes peines perduës.
Plus je me trouve interessé,
Plus mon affection est grande :
Voyez si votre droit blessé
Doit meriter qu'on le deffende.
J'attaque icy tous vos atours,
Et plains le sort de quelques-unes,
Qui trop foibles dans leurs amours,
Donnent dans ces erreurs communes.

Comme on a souffert autrefois
Les Gigognes et les Troussures,
Il faut bien sous les mêmes loix,
Souffrir encor d'autres parures.
  Lorsqu'un ornement est nouveau,
Qu'il fatigue et qu'il incommode,
L'on veut, avec un grand Cerceau,
Paroistre Madame à la mode.
Les Falbalas ont eu leurs temps,
Les Stenkerques et les Cremones
Faisoient jadis les ornemens
De toutes sortes de personnes.
  Mais les Bourgeoises de Paris,
Dans ce qu'elles sont inconstantes,
Ajoûtent toûjours quelque prix
Au merite des plus brillantes.
  Ce sont tantost Manteaux Volans,
Ou des Troussures équivoques,
Qui font chez les sages du temps
Estimer leurs vertus baroques.
Quoi qu'on en dise, je conçois
Qu'elles sont utiles aux Belles,
Qui sous les amoureuses loix
N'ont pas toûjours esté rebelles.
  Il est de certains accidens
Qui causent souvent du ravage;
Mais, grace à tous ces ornemens,
Ils en réparent le dommage.

Il n'est point de décision
Contre les Jupes à la mode,
Pour cacher sa repletion,
On ne trouve rien d'incommode ;
L'une est maîgre et voudroit cacher
Qu'elle n'a ni gorge ni taille :
Et l'autre voudroit empêcher
Qu'on la mît parmi la canaille.
Chacune a donc son interest,
Dans cette nouvelle structure,
Qui recele, quand il leur plaist,
Les disgraces de la Nature;
Enfin je ne puis concevoir,
Comment avec ce bricolage,
Une femme peut se mouvoir,
Ou faire de son corps usage;
Car dans certains besoins pressans
Chacun se meut à sa maniere :
Que font-elles dans ces instans
Avec des Cerceaux au derriere?
On loûroit les inventions
De ces ridicules parades,
Si c'estoit des précautions
Pour leur servir de palissades.
Mais le Public trop indiscret,
Dit que cette vaine parure
N'est que pour prendre au trébuchet
Ceux qui viennent à l'aventure;

Et la critique sans égard,
Tient qu'incivile est l'habitude
D'avoir placé le Traquenard (1)
D'une façon qui soit si rude.
C'est ainsi que sous cet apas
Le plus honneste homme s'attrape :
Pour moy qui ne m'y frotte pas,
J'estime heureux qui s'en échape.
Comme on pense differemment
Sur cette invention nouvelle !
L'un dit que c'est pour donner vent
Aux secrets apas d'une Belle :
L'autre, que c'est pour éviter,
Qu'un peu trop d'ardeur ne l'emporte,
Quand la vertu pour résister,
Craint de n'estre pas la plus forte.
Un petit zephir à propos
Fait quelquefois grande merveille,
Quand il vient donner le repos
Au mouvement qui nous réveille,
C'est ainsi que de mon prochain
Ma muse se fait l'Interprete,
L'air rafraîchit plus un beau sein,
Qu'aucune autre voye indiscrette.
L'air du Cercle ou du Falbala,
Puisque l'un à l'autre succede,

(1) Le premier cerceau d'en haut, aux jupes des Femmes, se nommoit le Traquenard.

Opereroit en soufflant là,
Pour l'incontinence un remede.
Ce seroit un secret nouveau,
Si la sagesse qui l'inspire,
Avoit trouvé par un Cerceau
L'art de les empêcher de rire.
Que les hommes seroient heureux,
Si, grace à ces nouvelles modes,
Ils voyoient ralentir les feux
De leurs femmes trop incommodes!
Mais c'est en vain : plus les zephirs
Badinent souvent auprès d'elles,
Plus ils raniment leurs desirs,
Et moins ils les rendent fidelles.
Ne restons point dans cette erreur,
Ma fiction n'est que chimere :
Plus leurs Cerceaux ont de rondeur,
Moins leur vertu subsiste entiere.
Lorsque vous verrez les grands vents,
Pauvres Maris, prenez courage,
Pour prévenir les accidens
Qui menacent votre visage;
Ou faites comme d'autres font,
Méprisez cette erreur commune;
Pourvû qu'en timbrant votre front,
Elle augmente votre fortune :
Plus il vente, plus les ardeurs
De tous leurs feux s'épanoüissent;

Plus elles vendent de faveurs,
Plus les Maris se réjoüissent :
Il n'est point d'état plus heureux,
Ils ont toûjours pistolle en poche;
Plus ils sont commodes chez eux,
Plus ils voyent tourner la broche :
Ont-ils tant de tort, à ce prix,
D'aimer les Cerceaux de leurs femmes,
Puisque le bon vent de Paris
En fait de si grosses Madames.
Voyons si ces femmes du temps,
Qui font à leurs vertus outrage,
Doivent se servir des volans
Dont elles profanent l'usage.
Je sçai qu'ils sont de grands secours
Pour les nocturnes aventures :
Quand ces Belles dans leurs amours
Reçoivent certaines blessures;
C'est aussi trop manifester
L'extrême besoin qui les presse,
Quand de l'art on veut emprunter
Ce qui cache cette foiblesse :
C'est trop pour la mode encherir,
Je croy qu'il est de la Police,
De moderer le vain desir,
Qu'elles montrent dans ce caprice;
Elle fait naistre le desir
Où regnoient les indifferences :

Et sous cet habit de plaisir
On croit cacher les apparences;
Par ce risible exterieur,
Elles sont faites de maniere
Qu'on ne vît jamais de rondeur
Aussi large ni plus entiere :
D'un Vase la capacité
Jamais n'eût semblable ouverture;
Et cette extrême impunité,
Deshonnore bien la Nature.
Il n'est plus d'austeres vertus,
Depuis cette mode inégalle;
C'est comme des pigeons pâtus
Qu'on voit exposez à la Halle :
Tout ainsi que ces animaux,
Toûjours pleins d'un amour extrême,
L'on diroit que sous leurs Cerceaux
Leurs ardeurs s'épanchent de même;
Ces Cercles, montez par gradins,
Enflent si bien toutes leurs Jupes,
Qu'il n'est point de Vertugadins,
Qui de loin prennent mieux les dupes :
Ce sont filets pour amorcer,
Ainsi que fait la Tarantolle (1),
Qui nous pique et nous fait danser
Quand sur notre front elle vole :

(1) Espèce d'araignée dont la piqûre fait danser.

De cet animal vicieux
Il faut éviter la piquûre;
Elle est trop chere aux Curieux,
Quand dangereuse est la blessûre.
Sous ces moules à Cottillons,
En forme de Panier ou Ruche,
Les Mouches deviennent Frelons,
Et donnent souvent la Cocluche :
Leur miel est trop mêlé d'aigreur;
Et si quelques foibles s'y prennent.
De cette traîtresse douceur
Les plus frians se ressouviennent.
Ce sont ces insectes du temps,
Dont les aiguillons tant à craindre
Piquent tous les jours tant de gens,
Qui par honneur n'osent s'en plaindre :
Frelons malins, noirs Papillons,
Guêpes de malheureux augure,
Retranchez tous vos aiguillons,
Ou laissez en paix la Nature.
J'en endure assez, dit Cambis,
Sans souffrir que l'on m'apostrophe :
Ma femme veut dans ses habits
Du moins cinquante aulnes d'étoffe;
Je n'y sçaurois plus résister,
Elle ruine ma fortune;
Elle va par-tout emprunter,
Pour suivre cette erreur commune.

Les Femmes de tous les états,
De tous les rangs, de tous les âges,
Sous le Velours et le Damas,
Donnent dans tous ces étalages :
C'est, dit-on, l'exemple du tems,
Qui dans ce triste état vous plonge;
Qu'à mon mal font les autres gens?
La peine d'autruy n'est qu'un songe.
Tous les excez sont vicieux,
Dans la forme et dans la figure,
Et les habits fastidieux
Sont toûjours de mauvais augure.
En effet la grosse Didon,
Dans sa complexion robuste,
Porte un si large Cottillon;
A deux doigts de son demi-buste,
Qu'on tiendroit dans ce grand endroit
Un fort Bataillon de Pygmées,
Si dans la Fable on en voyoit
Qui pûssent faire des Armées.
J'en connois dont la vaste ampleur
Fait voir une plus large entrée,
Qu'elle ne porte de hauteur,
Bien correctement mesurée;
Tant qu'au lointain l'air confondu
Les expose comme une Boulle (1).

(1) Les petites femmes, aussi larges que hautes, paroissoient de loin comme des boules.

Qui fait sur un objet perdu
Douter, ou s'il marche, ou s'il roulle.
Il est des modes de ce tems,
Comme des Ardents qui nous luisent :
Si les vapeurs croissent aux champs.
Les Metéores se détruisent.
Cette mode aux femmes de goût
Est quelque fois avantageuse :
Mais leurs vapeurs, qui gastent tout,
Rendent la mode vicieuse :
Ainsi qu'un Peintre de nos jours.
Mécontent de son barboüillage.
A force d'ajoûter toûjours,
Détruisit enfin son Ouvrage.
Les femmes, pour trop imiter
L'ignorant pinceau de ce Peintre.
Veulent toûjours voir ajoûter
Quelques lez à leur large Ceintre;
Leur desir ne se peut fixer :
Elles sont esclaves des modes :
Ce seroit les vouloir vexer,
Que s'oposer à leurs methodes.
Passe encor pour les jeunes gens :
Mais pour cette vieille ridée,
Qui, sous ces nouveaux ornemens.
Marche, comme un Oyson. bridée :
Qui voudroit de son grand Pannier
Faire encore avec nous l'usage :

C'est ma foy gâter le métier,
D'en vouloir porter à son âge.
Cependant elle en veut avoir,
Et des plus beaux, quoi qu'il en coûte;
Le mal d'ignorer son devoir,
Montre assez qu'elle n'y voit goute.
En vain, pour mieux la disposer.
On lui dit qu'elle est surannée,
Qu'elle ne doit plus embrasser
Qu'une gotique destinée,
Que toutes choses ont leur temps.
Et que chaque terme a son age :
Qu'il faut laisser aux jeunes gens
Les habits d'un certain usage :
Point du tout, rien ne la fléchit,
Et la pauvre Femme entêtée,
Croit que sous ce galant habit
Elle en sera bien mieux festée;
Qu'il suffit, pour sçavoir charmer.
De se mettre en Dame Ragonde,
Bien qu'au lieu de se faire aimer,
Elle effarouche tout le monde.
  Elle est dans cet entêtement,
Et croit que par sa braverie,
En payant bien cher un Amant,
Il l'aimera toute sa vie.
En vain pour guerir ses vapeurs,
Elle a recours à ce remede;

A toutes les vieilles ardeurs,
Le vertige toûjours succede.
A la vieille mere Grimaux
Je reproche la même chose,
Qui croit que sous les grands Cerceaux,
Son âge se metamorphose;
Elle est dans l'état du métier,
Et peut aisément s'y résoudre:
La femme d'un Cabaretier
Peut bien Cerceaux se faire coudre:
Elle-même y donne le prix;
Elle sçait que chacun en raille,
Et que tout le monde à Paris.
L'apelle une vieille Futaille.
Je passe condamnation
Aux femmes de ce caractere,
Qui n'ont d'autre occupation
Que celle de cette chimere:
Mais je ne sçaurois pardonner
Le foible d'un mari commode,
Qui veut à sa femme donner
Tous les extrêmes de la mode.
D'autre part je crains leurs rigueurs;
Quand les femmes n'ont pas leur compte,
Elles vont en chercher ailleurs,
Et quelquefois à notre honte;
Un homme de petit pouvoir
S'embarasse dans cette route:

Lorsqu'une femme en veut avoir,
Quoi qu'à son Époux il en coûte.
Je plains fort un homme de cœur,
Quand il est de foible ressource;
Et que sa femme ose en fureur
L'obliger de rendre la bourse.
Je souffrirois plus volontiers
La grande Colosse de Rhode,
Si les Cerceaux de ses Panniers
N'encherissoient trop sur la mode.
Ils sont si durs d'extensions (1),
Par les contours qu'elle leur donne,
Qu'elle fait des contusions,
Qu'aucun Galant ne lui pardonne.
Comme elle marche à pas comptez,
Ainsi qu'un Cocq d'Inde en colere,
Elle fait voir de tous costez
Du moins un arpent de Derriere.
Quand avec ces airs triomphans,
Elle paroist de cette sorte :
Il faut ouvrir les deux battans,
Pour lui laisser libre la porte.
Malgré toute la vanité,
Qu'il ne faut pas qu'on dissimule,
Jamais les femmes n'ont porté
Si loin l'extrême ridicule :

(1) La dure extension des cerceaux frappoit quelquefois ou accrochoit ceux qui passoient auprès d'elles.

Puisque la Cour veut bien souffrir
Que la Ville en cela l'imite,
Elle devroit bien s'en tenir
Au bon goust des gens de merite :
C'est une très-grossiere erreur,
De croire que cette parure
Donne par cet exterieur
Quelqu'avantage à la Nature.
Au contraire l'on croit toûjours
Que cette trompeuse apparence
Recelle des folles amours
La criminelle intelligence.
Est-il un homme délicat,
Qui voulût donner sa tendresse
A des femmes de cet état,
Qui de leurs faveurs font largesse?
L'on craint toûjours d'estre trompé
En mille diverses manieres;
Il est aisé d'estre attrapé
Par tous ces postiches derrieres.
  Pour éviter tous les discours,
Où cette brillante jeunesse
Se voit sujette tous les jours,
Elle devroit avec sagesse,
Dans un air de simplicité,
Composer si bien sa parure,
Que le médisant arresté,
Imposât silence au murmure.

Par cet air l'esprit enchanté,
Découvriroit le vray modelle,
Qui peint aux yeux la pureté
De cette grace naturelle.
Est-il rien plus beau qu'un Corset,
Qui naturellement figure,
Et qui montre comme on est fait
Dans le moule de la Nature?
A quoi servent donc ces habits,
Et tous ces monstres d'étalages,
Qu'à faire naistre du mépris
Contre des criminels usages?
Dans cet état audacieux,
Qu'anime le desir de plaire,
Elles profanent les saints Lieux,
Jusques aux pieds du Sanctuaire.
En vain notre sage Prélat
Réitere ses Ordonnances,
Leur indécence avec éclat
Semble augmenter leur imprudence.
Est-il rien de plus vicieux,
Ni d'un plus malheureux exemple,
D'oser à la face des Cieux,
Insulter Dieu dans son saint Temple?
Veut-on inspirer de l'amour,
Du respect et de la tendresse?
Des Corps de Robes de la Cour
Il faut imiter la noblesse,

Il n'est rien de si gracieux
Que cette charmante methode;
Et par cet air majestueux
La femme est toûjours à la mode.
Les Belles gagneroient par-là
Plus des trois quarts sur leur parure;
La Criarde et le Falbala
N'exciteroient plus le murmure.
L'on n'auroit plus à reprocher
Les libertez de l'inconstance,
Puisqu'on ne pourroit se cacher
Du manteau de l'incontinence.
Les Filles ont donc interest
De quitter cette erreur commune,
Puisque cet habit indiscret
S'opose tant à leur fortune :
Elles trouveroient des Galans
Et des Maris à la douzaine;
Tandis que l'essor des Volans
Aux vrais Amans fait trop de peine.
Leurs états beaucoup plus heureux
Seroient respectez davantage :
Il naistroit de ces amoureux,
A chacune un bon mariage;
Et soumises au Sacrement,
Prises à la fleur de leur âge,
Leurs vertus prendroient l'ascendant
Sur l'Empire du Cocuage.

L'on s'apariroit beaucoup mieux,
De la mode on perdroit l'idée;
La Coquette aux airs vicieux
Seroit autrement regardée.
Profitez donc de mes avis,
Grandes et petites Bourgeoises;
Réformez dans tous vos habits,
Les airs de ces femmes grivoises.
Si j'estois fille par malheur,
Sans taille, figure, ni hanches,
Je ne prendrois rien de trompeur,
Comme on le prend tous les Dimanches;
Je ferois voir que la beauté
N'est point dans toute la parure,
Mais qu'elle est dans la pureté
Et dans l'apui de la nature.
Je plaindrois leurs fragilitez,
Dans le temps que je les condamne,
Si de leurs inégalitez
Le Lutin n'estoit point l'organe.
Passe encor pour le changement,
Puisque leur plaist cette methode,
Si leurs cœurs gardoient un Amant
Tout autant que dure la mode.
Je reviens aux Belles du tems,
Qui des Jupes font leur étude;
Fâché que tant d'honnestes gens
En veulent suivre l'habitude :

Il en est pourtant dans l'État,
Qui pourroient servir de modelles,
Et qui loin de ce vain éclat,
N'en font que paroître plus belles.
 J'en connois beaucoup à la Cour,
Encore plus en cette Ville,
Qui dans cette espece d'atour,
Des trois quarts ôtent l'inutile.
 En vain cet exemple fait voir
Les excez de cette folie;
L'on ne se fait point un devoir
D'imiter cette modestie :
La Bourgeoise qui ne sent pas
Cet esprit de délicatesse,
Et qui croit que ces faux apas
Donnent les airs de la noblesse,
Entasse repli sur repli,
Sans en vouloir jamais rabattre,
Ou contre le pauvre Mari
Elle feroit le diable à quatre :
Tant qu'enfin, pour avoir la paix,
Les Maris ont cette molesse,
De n'oser pas trouver mauvais
L'excès d'une telle foiblesse.
 Teste-bleu! faut-il, entre nous,
Qu'il en soit de ce caractere,
Qui peu dignes du nom d'Époux,
Deshonorent leur ministere?

Bien qu'il soit honteux de souffrir
Une semblable momerie,
Et que l'on ne puisse guerir
Une femme de sa folie :
Malgré ces traits interessez,
Il faut convenir qu'à tous âges,
Il est moins d'hommes insensez,
Que l'on ne voit de femmes sages.

C'est assez vous représenter
Les desordres de vos caprices,
Pour vous apprendre à méditer
Sur l'excez de vos artifices.

Je passe à des moyens nouveaux,
Comme témoignages fidelles
Qui prouvent combien les Cerceaux
Nuisent à la vertu des Belles.

Ce sont des témoins indiscrets
Dont on estime la franchise;
Il est quelquefois des secrets,
Que le Sage veut qu'on redise.

Voici le fait en racourci,
Comme le rapporte l'Histoire :
Lisez, en deux mots le voici,
L'objet est digne de memoire.

A Boulogne, un beau jour d'été,
Une nombreuse compagnie
Alla, pour estre en liberté,
Celebrer certaine partie :

Le rendez-vous fait aux Perdreaux
Estoit disposé de maniere,
Que le Repas fut des plus beaux,
Et la chere la plus entiere;
Le Jardin, peuplé d'Arbres verts
Et de Bosquets épais et sombres,
Recele sous ces beaux couverts
Le frais que nous donnent les ombres:
Là se servit ce beau Repas,
Qui, dans sa superbe ordonnance,
Et par tous les mets délicats,
Excitoit la réjoüissance :
L'on se partagea de façon,
Que chacun ayant sa chacune,
Avoit sujet de trouver bon
Ce que lui donnoit la fortune.
L'on mangea bien, on bût très-fort,
C'estoit assez pour faire rire,
Et donner à l'Amour essor
Dans le milieu de son Empire:
Mais Bacchus, qui lui disputa
Les avantages de la gloire,
Voulut que l'on ne s'arrêtât
Qu'à chanter, qu'à rire et bien boire.
Mais par le secret merveilleux,
Qu'inspira la Mere du Monde (1),

(1) La joie.

On sçût les accorder tous deux,
Et boire et baiser à la ronde.
  Mais le vin estant en fureur,
Avoit déja fait du ravage,
Et redit les secrets du cœur
D'un amoureux qui faisoit rage;
L'on craignit que l'effusion
Ne portât plus loin l'aventure,
Et que la vive oppression
Ne fist naistre quelque murmure.
Comme il se faisoit déja tard,
Sous ce prétexte raisonnable,
L'on fit consentir le Gaillard,
De quitter promptement la Table :
Dans le moment il se ganta
Pour donner la main à sa Belle,
Qui civile n'y résista,
Pour ne point paroistre rebelle;
Il voulut passer le premier,
Mais il chancela de maniere
Qu'il mit le pied dans son Panier.
Et lui brisa tout le derriere.
  Tandis que tombez à la fois,
A les relever on s'empresse,
Deux autres dans le petit Bois,
Courent débiter leur tendresse.
  Un Jaloux qui s'en aperçut,
Excita cette Compagnie,

Qui d'abord à l'endroit courut,
Pour en faire plaisanterie.
   Dans cet endroit ce brusque Amant
Pour mieux celebrer cette feste,
Et des Cerceaux en ce moment,
Pouvoir mettre martel en teste;
Il fut surpris dans l'attentat,
La Belle, vertueuse et sage,
N'auroit osé faire d'éclat,
Pour laisser ignorer l'outrage;
En se défendant, ses Cerceaux
Sur sa tête enfin s'accrocherent;
Lors que de leurs foibles cerveaux
Les sens à la fois se broüillerent :
Elle en gémit, elle en pleura;
On lui fit essuyer ses larmes,
Et bientost on la délivra
De la cause de ses allarmes.
Comme en semblable occasion,
Aisément on est en déroute,
La Belle dans l'affliction,
A l'embarras ne voyoit goute;
Il falut l'en débarasser (1),
Puis estant libre, elle fit grace;
On ne la vit plus s'empresser
A demander la contumace.

(1) Elle vouloit faire faire le procès au galant, dans le temps du trouble.

Voilà l'Histoire des Cerceaux,
Et comme ces belles parures
Font sous ces ornements nouveaux
Naistre de belles avantures.
Je ne sçai si tous ces récits
Meritent votre confience,
Et si vos grotesques habits
Honorent bien votre prudence;
Mais vous voyez les accidens
Qui naissent du goust de ces modes,
Et comme ces ajustemens
Sont à vous défendre incommodes.
Si Cloris, malgré sa vertu,
N'avoit esté bien secouruë,
Après avoir bien combattu,
C'estoit une fille perduë.
Cet exemple devant vos yeux,
Doit vous faire battre en retraite;
Il est des momens perilleux,
Où l'on doit craindre sa défaite.
La prudence veut que toûjours
En cela votre soin redouble;
Peut-on appeller du secours
Quand en fureur l'esprit se trouble?
Méfiez-vous de votre cœur,
Apprenez à le bien connoistre;
Ou ce dangereux séducteur
Se fera toûjours votre maître;

En esclaves des nouveautez,
Aux besoins plus ou moins commodes,
Il faut fuir les extrémitez,
Et de très loin suivre les modes.
Tous les excez dans les habits
Suposent petites Cervelles,
Et grand foible dans les esprits
Qui suivent les modes nouvelles.

AUTRE HISTOIRE

Un certain jour qu'il faisoit beau,
Un Fiacre versa de maniere,
Qu'un Galant pris dans un Cerceau,
Se trouva le nez en brassiere
Il fut pris les pieds et les mains,
Et toute la figure entiere,
Comme on voit les petits poussins
Sous la Rondache de leur mere
Chacun crioit de son costé;
Le Galant en cette déroute
Estant pris dans l'obscurité,
Pour en sortir ne voyoit goûte;
Le cavalier entortillé,
Se dégageant montra la teste;
Mais, comme il estoit barbouillé,
Et rendoit risible la Feste,
Après s'estre débarrassé
Des Bricolles de cette Belle,
En cet état tout herissé
Il se sauva vîte avec elle;

6.

Là certain Cabaret voisin.
A propos servit de retraite,
Où pour mieux leur prêter la main,
On les mit en Chambre secrette (1),
L'on mit vîte un fagot au feu,
Où tous les deux bien s'essuyerent.
Tant que dans ce commode lieu
Les Cerceaux se racommoderent.
Par là commence et finit tout;
Et la Brune comme la Blonde,
Veulent, pour estre de bon goust,
Porter une Jupe bien ronde.
Aussi l'Ouvrier du Cerceau,
Connu pour un excellent Maistre,
En met trente aulnes de niveau,
Pour deux toises de diametre :
Il les leur place de façon,
Jusques au-dessus des entrailles,
Qu'il ne leur faut plus qu'un bondon
Pour les mettre au rang des Futailles.

(1) Ou cabinet particulier. Ces lieux de rendez-vous que les cabaretiers de Paris offroient à leurs pratiques avoient été mis en usage pour la première fois vers 1635, par l'hôte de l'*Escharpe*, dans la rue du Temple. « Si vous avez assez de nez pour avoir une maîtresse, dit l'auteur des *Visions du Pelerin du Parnasse*, ne faictes pas de difficulté de l'amener du costé de l'*Escharpe*, je vous promets qu'en payant, on vous prestera librement la plus belle chambre de toute la maison afin que vous puissiez ensemble gouster la douce liqueur de Bacchus sans estre troublez, ni escornifflez de personne du monde. »

Quand je les regarde en effet,
Si ridiculement cerclées,
La mode auroit beaucoup mieux fait,
De les avoir rendu sensées.
Mais tout beau, n'allez pas toucher
Les apas secrets de Lucile,
Sa gloire feroit afficher
La précaution inutile.

HISTOIRE

DE

DEUX PLAIDEUSES AU PALAIS

Dans une Chambre du Palais,
Deux Plaideuses mal ajustées
Vouloient entrer malgré Morlais (1),
Pour estre plustôt écoûtées;
Par malheur leurs jupons usés,
Laissant échapper leurs baleines,
Bientôt de leurs Cercles brisés
Les liens devinrent des chaînes.
Comme elles vouloient receler
Le sujet de leur résistance,
Et ne vouloient pas reculer
Pour mieux prendre le pas d'avance;
Elles s'accrochèrent si bien,
Que celle qui fut la plus forte,
De l'acroc rompit le lien,
Qu'acheva le gond de la porte;
Tant que les Cerceaux malheureux
Resterent, dit-on, sur la place,

(1) Buffetier.

Sans que la plus fiere des deux
A l'autre voulût faire grace.
La plus foible, pour se venger,
Prit au bonnet l'autre Plaideuse,
Qui, rustre pour se dégager,
Devint encor plus furieuse;
Elles se reprirent soudain
D'une si plaisante maniere,
Que toutes deux tenoient en main
Des vestiges de leur criniere;
Sans écharpes et sans bonnet,
Les Cerceaux bas, leurs têtes nuës,
L'on comprent l'état indiscret
De deux Plaideuses bien émûës;
Le mépris que l'on en avoit,
Fit que chacun les laissa faire,
Et que le Spectateur rioit
De leur audace temeraire.
L'Huissier absent, revenu là,
Elles s'acharnoient davantage :
Il voulut donc les séparer,
Mais un Procureur bon à croire,
Leur dit : « Laissez-les déchirer,
Leur cause étant contradictoire. »
Au bruit un Magistrat sortit,
Qui, surpris de cette indécence,
Ordonna qu'on les conduisît
Chez le Baillif, à l'Audiance.

L'Huissier de service, à l'instant
Conduisit ces femmes barroques
Devant ce Juge penetrant,
Qui rit de leurs airs équivoques.
Toutes deux vouloient à la fois
Et parler et se faire entendre,
Sans qu'on pût deviner leurs droits
Qu'elles vouloient faire comprendre.
A chaque mot que leur disoit
Ce Juge pour faire silence,
Chacune d'elle repliquoit :
« Monsieur, écoutez ma défense,
Je suis femme de qualité.
— Point du tout, Monsieur, elle impose.
— Ho! Monsieur, quelle fausseté!
Repliqua la premiere en cause,
N'écoutez point ce noir museau.
C'est une plaideuse éternelle
Qui depuis trente ans, au Barreau.
Fait toûjours question nouvelle.
— C'est elle, dit l'autre, Monsieur,
Qui contre son Époux fait rage,
Et qui, sans honte et sans honneur,
Met le trouble dans son ménage;
Elle a cent procez à la fois,
Elle emprunte pour ne point rendre.
Au seul aspect de ses exploits
Personne n'ose se défendre.

— Elle a bonne grace, ma foy,
Reprit encore l'autre en furie,
D'oser ainsi parler de moy,
Après l'histoire de sa vie.
L'objet du procès d'entre nous,
Qui m'a fait une injure atroce,
Est, qu'en me volant mon époux,
Elle a chez moy fait le divorce;
Au plus habile Chicanneur
Sa Minerve rompt en visiere.
Elle est au Palais la terreur
De l'Ame la plus chicaniere. »
A chaque mot qu'elle disoit,
L'autre l'entrecoupoit sans cesse.
Tant elle montroit de foiblesse
Dans tout ce qu'elle repliquoit.
Le Juge eut beau dire et beau faire
Pour adoucir leur aigre ton,
Il fallut pour les faire taire,
Les menacer de la prison.
A ce mot il eut audience;
Puis entrant dans son cabinet,
Il leur dit, pour la bienseance :
« Remettez-donc votre bonnet;
Je suis honteux pour vous, Mesdames,
De votre malheureux état,
Peut-il convenir à des femmes
De votre nom, d'en faire éclat?

Enfin vous voilà déchirées
Par tous vos malheureux Cerceaux,
Dont les grandeurs démesurées
Font toûjours spectacles nouveaux.
Du debris de vos équipages
Vous scandalisez le Palais;
Mesdames, si vous étiez sages,
Vous n'y reviendriez jamais;
Renoncez donc à vos parures
Qui font naître ces accidents,
Ces indécentes bigarures
Deshonorent trop notre temps.
Afin que ces Cerceaux funestes
Ne vous fassent plus desormais
Exposer les malheureux restes
De vos dépoüilles du Palais;
Allez, retirez-vous, Mesdames,
L'on va vous prêter des Manteaux,
Pour cacher le sujet des blâmes
Que vous ont causés vos Cerceaux. »
Ainsi leurs disputes cesserent,
Après mainte imprecation,
Mais qui bientost recommencerent
Avec leur protestation.

RÉPONSE

À

LA CRITIQUE DES FEMMES

SUR LEURS

MANTEAUX-VOLANS, PANIERS, CRIARDES OU CERCEAUX

DONT ELLES FONT ENFLER LEURS JUPES

Dites-nous, brave Chevalier,
Quelle est contre nous votre haine ?
Est-il quelque mauvais Panier
Qui vous ait causé quelque peine ?
Que vous ont fait tous nos Cerceaux ?
Est-ce que ces foibles barrieres
Nuisent quelquefois aux travaux
De vos Entreprises guerrieres ?
Quelques soins que vous ayez pris,
Pour nous faire voir sans scrupule,
L'état des Femmes de Paris,
Dont vous peignez le ridicule ;

Pour ne point flatter votre erreur,
Je ne crois pas que cette Histoire
Soit bien digne de la grandeur
Dont voudroit briller votre gloire.
Votre enthousiasme en couroux,
N'a point consulté la Nature,
Qui semble exciter contre vous
Du plus beau sexe le murmure.
Quel a donc esté, s'il vous plaist,
Le Guide de votre Satire?
Il faut bien que quelqu'interest
Vous ait engagé de médire;
La mode, que vous insultez,
Vous a sans doute fait outrage,
Mais en vain vous lui résistez,
Rien ne s'oppose à son usage;
Notre Sexe en est courroucé,
Il trouve que l'injure est grande;
Lorsque l'honneur est offensé,
Il est juste qu'on le défende.
Il faut estre bien de loisir,
Et n'avoir rien d'ailleurs à faire,
Pour venir troubler le plaisir
Que l'on se fait de pouvoir plaire,
Pourquoi controller nos Cerceaux?
Est-ce que votre Muse oisive,
Metamorphose vos chapeaux
En des Couvercles de Lessive?

Restez libres dans vostre État,
Nous avons assez de ressources,
Sans critiquer le Bout de Rat,
Ni l'invention de vos Bourses.
Que figure ce beau dessein,
Dont vous estimez la methode,
Quand au lieu de Cheveux, du Crin
Remplit cette Bourse à la mode?
Qu'est-ce que quatre Poils frisez,
Qui voltigent sur vos oreilles,
Et de certains Surtous croisez
Qui bricolent vos Nompareilles.
De tous ces airs extravagans,
L'on regarde en vous la folie,
Comme vous voyez les Volans,
Qui causent votre raillerie:
Vous historiez nos Cerceaux,
Et par votre soin inutile,
Pour faire rire les Badaux,
Vous insultez toute la Ville.
Si nous portons des Cottillons
Qui vous paroissent si profanes,
Vous portez au col des Cordons
Qui vous brident comme des Asnes;
Et pire que nos Tortillons,
Par vos Culottes Gigantesques,
Vous vous montrez en Pantalons
Plus risibles que les Grotesques;

N'avez-vous pas dans vos habits,
Comme nous, recours aux Usages?
N'y voyons-nous pas des replis
Gaudronnez à triples Étages?
  Les femmes, moins folles que vous,
Ont assez de délicatesse,
Pour ne pas montrer de couroux
De l'excès de votre foiblesse.
  Je ne répons à votre Écrit,
Que pour vous faire mieux entendre,
Qu'il n'est pas d'un homme d'esprit
D'attaquer qui peut se défendre;
Si nous voulions parler de vous,
Et vous peindre à notre maniere,
Je ne sçay pas qui d'entre nous,
Fourniroit le plus de matiere;
Mais puisque vous nous attaquez,
Vous connoistrez, loin de nous rendre,
Qu'il est des endroits pratiquez,
Que les femmes sçavent défendre,
Nous ne nous rendons pas toûjours;
Les plus grands Conteurs de fleurettes,
Qui se vantent de leurs amours,
Ne disent rien de leurs défaites,
Je sçay bien que tous nos Volans,
Nos Cottillons et nos Troussures,
Passent chez les honnestes Gens,
Pour d'impertinentes parures;

Il faut pourtant s'y conformer,
Si l'on ne veut passer pour folle;
La mode, à la bien exprimer,
D'Esclave devient une Idole;
Il faut l'encenser malgré soy,
Puisqu'elle veut estre servie,
Et qu'elle seule fait la Loy
A la raison assujettie.
Je conviens qu'il est entre nous,
Des Femmes pleines de foiblesse;
Mais dans votre juste couroux,
Vous ne distinguez pas l'espece.
Si les Belles ont quelquefois
Voulu par d'indiscretes flâmes,
Usurper les plus nobles droits
Des grands privileges des Femmes;
Et qu'en faveur de leurs Volans,
Et de leurs trop larges Ceintures,
Elles cachent à leurs Galans,
Les accidens de leurs Quarrures;
Pourquoy vous faire le Censeur
Des disgraces de la Nature?
C'est montrer dans un mauvais cœur
Une ame insensible et trop dure;
C'est n'avoir point d'humanité,
Et par une rigueur extrême,
C'est affecter la cruauté
Contre la moitié de soi-même;

C'est même attaquer dans Paris
Les Hommes, ainsi que les Femmes,
Et malgré leurs discrets maris,
Publier leurs secrettes flammes.
Nos Cerceaux sont-ils criminels,
Pour estre un ouvrage de mode,
Et par vos propos éternels
En changerez-vous la methode?
Quand ils seroient témoins secrets
Des échapades de quelqu'une,
Faut-il, par vos coups indiscrets,
En rendre l'histoire commune?
Tout est criminel à vos yeux,
Et sous les Jupes étenduës,
Et les Volans mysterieux,
Vous croyez les Filles perduës.
N'en déplaise à votre rigueur,
Votre critique n'est pas sage;
Lorsque vous en voulez au cœur,
Vous tenez un autre langage;
Quand vous estes à nos genoux,
Vous traitez comme bagatelle,
Ce qui maintenant, selon vous,
Est une action criminelle;
Vous vantez nos ajustemens,
Et votre sterile abondance,
Toûjours d'un même compliment
Nous promet la perseverance.

Voilà le détestable soin
Qui vous procure tant de dupes,
Et par où nous avons besoin
De Volans et de grandes Jupes;
Pourquoy le prendre sur ce ton?
Est-ce que la vertu commode,
Dès qu'il vous plaist, change de nom,
Pour rendre le vice à la mode?
Vous enfin qui nous connoissez,
Et qui vous piquez de sagesse,
Et qui si souvent joüissez
Des momens de notre foiblesse;
Pourquoy, maîtres de notre sort,
A nos Habits porter envie;
Voudriez-vous donner la mort
A qui vous inspirez la vie?
Puisqu'enfin nous ne pouvons rien,
Que vous seuls formez cette chaîne,
Qui fait entre nous le lien
De la société humaine;
Vous dispensez donc le pouvoir,
Suivant votre affreuse doctrine,
De faire malgré nous mouvoir
Les ressors de notre machine;
Puisque ce sont tous vos beaux dits
Qui font naistre ces avantures,
Et necessitent les habits
Avec de trop larges Ceintures;

Pourquoy les faire remarquer,
Pour nous en rendre les victimes?
Le malheur de vous pratiquer
Devient la cause de nos crimes.
Vous faites donc votre procez,
Et, sans pouvoir vous en défendre,
Vous rendez criminel l'accez,
Qu'auprès de nous vous osez prendre;
Et par-là vous nous faites voir,
Que foibles dans notre défense,
C'est vous qui, pour nous décevoir,
Faites toûjours les pas d'avance.
Si les foibles dans leurs amours,
Quelquefois aux plus forts se rendent,
C'est qu'il est des temps et des jours,
Qu'en vain les Fieres se defendent.
Ceux qui les sçavent engager,
Devroient bien estimer ces modes,
Puisque pour l'heure du Berger,
Ils sçavent les trouver commodes.
Si vous seuls causez tous les maux
Que fait naistre votre inconstance,
Vous devez loüer les Cerceaux
Qui cachent votre incontinence;
Car les interests de Cloris
En cela deviennent les vostres;
Pourquoi donc montrer du mépris
Contre les foiblesses des autres?

Cessez donc de renouveller
Les marques de vos cœurs perfides,
Puisque vous n'en pouvez parler,
Sans vous montrer leurs homicides;
Ou comme un Galant indiscret,
Si vous voulez en faire gloire,
Vous avez trouvé le secrèt
De bien enrichir votre histoire.
Toutes les femmes à la fois,
Vont, en l'honneur de vostre vie,
Pour la défense de leurs droits,
Bien faire votre apologie.
Contre les innocens plaisirs
Vous ne faites voir qu'un faux zele,
Qui montre qu'à tous vos desirs
Toute la nature est rebelle;
Ou bien, par un contraire effet,
Vous ne montrez cette foiblesse
Que contre l'esprit indiscret
De quelqu'infidelle maistresse;
Avez-vous esté maltraité
Par quelque sinistre avanture?
Quelque inconstante a-t'elle esté
La cause de votre murmure?
Vous fait-elle encore souffrir
En secret certaine disgrace,
Dont l'ennuyeux ressouvenir
A ce triste aspect se retrace?

Que par ce fâcheux accident
Votre Muse, mise en déroute,
Vous ait mis sous un ascendant
Où votre verve ne voit goute?
Si les coups sont encor récens,
Vous avez raison de vous plaindre;
Si ce sont vieux ressentimens
Je trouve qu'ils sont fort à craindre.
Si quelques objets de mépris
A vos yeux ont paru volages,
Faut-il que cent mille à Paris
Soient en butte à tous vos outrages?
Il faut dans ce simple argument
Convenir de cette maxime,
Que ce vice dans un Amant,
Est de l'amour le plus grand crime,
Pourquoi donc vous en prendre à nous
Des malheurs de votre disgrace?
Si tous les plaisirs de chez vous
A vos chagrins cedent la place;
Si vous parlez en mécontent,
Votre censure est récusable;
Ou si vous estes impotent,
Votre sort est plus miserable.
C'est une extrème absurdité
De vouloir critiquer la mode;
Ce Tiran de la liberté
Veut qu'à son gré l'on s'accommode,

Je ne la suis qu'à petits pas,
Elle ne veut pas qu'on recule;
Et si je ne la suivois pas,
J'en deviendrois plus ridicule;
Ainsi blâmez à pleine voix
L'invention dans sa naissance,
Mais ne vous faites point de loix
Qui maltraitent notre innocence;
Ce sont foiblesses entre nous,
Mais nous avons chacun les nostres;
L'on passeroit pour estre fous,
Si l'on n'estoit comme les autres.
Non, non, tous vos soins superflus
Ne changeront point nos usages;
Il est plus d'austeres vertus
Que l'on ne voit d'hommes bien sages.
Que vous font nos ajustemens,
Pour en critiquer les manieres?
L'on voit dans vos habillemens
Tout du moins autant de chimeres.
N'accusez donc point nos Cerceaux
De receler nos avantures,
Puisque la cause de nos maux
Vient bien souvent de vos parjures.
Revenez donc de votre erreur,
Ne croyez plus faire de dupes,
La pureté de notre cœur
Ne doit point dépendre des Jupes.

En vain vous viendrez à nos piés,
Et croirez que par vos sornettes
De complimens estropiés,
L'on admirera vos fleurettes;
Et que sous l'espoir des Volans,
Qui cachent aux yeux les emplettes,
Nous accorderons à vos sens
Ce que demandent vos courbettes.
Esperez cet heureux succez;
Mais si quelqu'une vous en flatte,
Craignez que de ce libre accez
La malepeste ne vous gratte.
Pauvres hommes, qui vous flattez
Quelquefois d'esperances vaines,
Et qui souvent vous irritez,
Accablez du poids de vos chaînes;
Est-ce que vous ne sçavez pas
Quel est sur vous notre avantage;
Et que nous avons des apas
A qui vous devez rendre hommage?
Que notre Empire est souverain,
Et que c'est estre un infidele,
D'oser s'honnorer du dessein
D'estre à son usage rebele?
Vous devez donc vous réjoüir
D'un bien que nous trouvons commode,
Et nous laisser en paix joüir
Des avantages de la Mode;

Loin d'employer pour nous votre art,
Contre les mauvaises maximes,
Des Modes que fait le hazard,
Vous voulez nous faire des crimes.
Vous parlez contre votre honneur
Lorsque vous attaquez le nostre;
Avant de prouver notre erreur
Il faut reconnoistre la vostre;
Autrement on dira de vous,
Que sous les mêmes avantages
L'on a droit de rire des fous
Comme ils se sont mocquez des sages.
Vous devez même respecter
Dans les Femmes les plus volages,
L'honneur du Sexe, et le porter
A mieux faire admirer les sages;
Sans ce prétexte vos écrits
Ne peuvent acquerir de gloire;
Ils exciteront le mépris,
Au lieu d'honnorer votre histoire.
Vous qui vous picquez de grandeur,
D'esprit et de délicatesse,
Vous auriez dû, pour votre honneur,
Ne vous piquer que de sagesse.
Il n'est point d'un homme d'esprit,
De s'occuper de bagatelles,
Ni d'armer contre son credit
Dix mille legions de Belles.

Je ne voudrois pas me montrer
Sur l'Étiquet de la Préface;
Je craindrois, loin de m'illustrer,
Encourir certaine disgrace.
Vous devez craindre les Amans
Qui doivent défendre leurs Belles,
Si du merite des volans
Ils font quelqu'usage avec elles.
   Songez donc à les prévenir
Sur les écarts de votre Muse,
Il n'est qu'une voye à tenir
Pour meriter qu'on vous excuse;
C'est d'avoüer ingenûment
Que, chagrin de quelque avanture,
La douleur de l'évenement
Cause malgré vous ce murmure.

L'INDIGNITÉ

ET

L'EXTRAVAGANCE DES PANIERS

POUR LES FEMMES

SENSÉES ET CHRÉTIENNES

8.

A MADAME PANIER

MADAME

De votre propre aveu, votre procès vous a fait oublier Dieu et ses précieuses communications ; vous gémissiez à l'ombre de la mort, un serviteur de Dieu a fait votre paix avec lui ; il a prié pour vous, et le Seigneur vous a rendu la vie, à condition que vous quitteriez votre Panier, que vous ne plaideriez plus et que vous vivriez dans la pénitence.

A cela vous avez répondu que vous feriez la volonté de Dieu, s'il vous donnoit de quoi vivre. Le Seigneur, à la prière de son serviteur, vous a permis d'espérer ce bien et vous avez touché une somme immense d'argent ; mais à peine l'avez-vous reçue que vous vous êtes moquée de Dieu et de la promesse que vous lui aviez faite de changer de vie, de quitter votre Panier et de vivre dans la pénitence : cet argent-là est donc un argent usurpé, volé, extorqué des mains de Dieu, dès lors que vous ne voulez pas exécuter ce que vous lui avez promis; et vous en jouissez contre sa volonté, dès lors que vous ne voulez ni tenir votre promesse, ni suivre ses ordres. Et c'est là-dessus, madame que le Seigneur va vous poursuivre, punir votre ingratitude, votre désobéissance, votre dure obstination, et exécuter sur vous son équitable jugement. Je vous laisse entre ses mains et vous abandonne jusqu'à ce que vous fassiez la volonté de Dieu, en quittant votre Panier scandaleux, embrassant la pénitence, mais sans retardement et au plus tôt; si vous ne voulez vous résoudre à périr, dit le Sauveur de nos âmes dans le saint Évangile. *Nisi pœnitentiam habueritis, omnes similiter peribitis.* (Luc, XIII, 3.)

Vous répondez que si vous quittez votre Panier, on vous regardera comme une folle : eh, de grâce, madame, respirez un moment, songez à ce que vous dites, reprenez vos esprits, détrompez-vous, et revenez, si vous pouvez, d'une si grossière illusion; vous, qui revêtue de ce Panier infamant, ne pouvez éviter cette équitable qualification de folle, et cette rigoureuse censure. Témoin toutes les personnes spirituelles et sensées qui vous montrent au doigt et crient après vous dans les rues et les places de la grande ville, comme dans le secret de leurs cœurs. Témoin tous les bons confesseurs et prédicateurs qui, dans le sacré tribunal de la pénitence et dans la chaire de la vérité, fulminent contre vous, et vous défendent tous les jours et depuis longtemps, de la part de Dieu, ces enflures d'orgueil et ces pompes de Satan auxquelles on vous a fait renoncer sur les fonts de votre baptême. Ils vous disent, ces vénérables ministres de la sainte parole, que Dieu ne vous connoît pas et vous désavoue, dans cette vie profane et païenne, et qu'il est sourd à vos prières, tandis que vous suivez l'esprit et les maximes d'un siècle pervers, d'un monde corrompu et réprouvé; cet état triste et déplorable, où ensorcelée par l'esprit de Satan, vous ne priez Dieu que du bout des lèvres, où vos prières sont folles et pharisiennes, précipitées et hypocrites; dans cet esprit d'orgueil et d'impertinence, où faute d'humilité, vous ne pouvez faire un bon acte de contrition ni produire un acte suffisant d'amour de Dieu.

Vous suivez la mode dites-vous, mesdames, mais y pensez-vous bien? Cela vous est-il permis, et parlez-vous chrétiennement? Ne devez-vous pas, comme membres de Jésus-Christ, éviter tout ce qui est conforme aux modes du temps et à la vanité d'un siècle corrompu? *Nolite conformari huic sæculo nequam* (Rom. xii, 2), vous dit le grand apôtre. Ne devez-vous pas, comme chrétiennes, fuir les distinctions, ne vous appliquant qu'à vous distinguer devant Dieu? Jésus-Christ dit-il jamais qu'il étoit la mode, et ne vous apprend-il point, dans son saint Évangile, qu'il est la vérité et la voie que vous devez suivre? *Ego sum via et veritas et vita.* (JOAN, XIV, 6.) Suivez-la donc cette vérité éternelle et immuable, si vous voulez être sauvées. Obéissez à l'Évangile, à l'Église, à ses pasteurs, à ses sacrés ministres, et renoncez à cette mode de damnation à laquelle vous vous livrez par une infatuation diabolique, par votre esprit entêté et votre cœur endurci sur tous vos devoirs de religion, tandis que Dieu vous appelle à la pénitence et que, résistant toujours au Saint-Esprit, vous vous faites un trésor de colère pour le jour redoutable des vengeances.

Le péché d'orgueil, qui est celui de Satan, est certainement un péché mortel, et vous n'oseriez, mesdames, le nier sans démentir votre catéchisme. Est-il juste que vous aimiez mieux le commettre que de renoncer à une mode qui vous y fait visiblement tomber, soit par vos dépenses excessives à cet égard, soit par l'enflure exorbitante de vos habillements, où l'orgueil est dans son triomphe, où la modestie chrétienne est visiblement choquée et méprisée, soit enfin par les secours indispensable et suffisants que vous refusez aux pauvres de Jésus-Christ dans ce triste et déplorable état, l'aumône étant un devoir d'obligation et de précepte divin, dit le Sauveur de nos âmes dans son saint Évangile. *Date eleemosinam.* (Luc, XI, 41.)

Faudra-t-il donc, mesdames, que pour suivre une mode de damnation, insensée, criminelle et pleine d'ignominies, vous puissiez bien vous résoudre à vous déshonorer vous-mêmes et vous déterminer à perdre votre pauvre âme pour une éternité? Devez-vous, en conscience, et pouvez-vous bien vous assujettir à ces vains et orgueilleux ajustements, et pour un misérable Panier, source intarissable de dérèglements, de scandales et de péchés, vous exposer à vous faire refuser l'absolution, vous livrant vous-mêmes, par un orgueil sans bornes, au danger visible de tous les supplices de l'enfer, et d'une damnation éternelle?

Rougissez donc ici, femmes et filles mondaines, et craignez que ce corps mortel et périssable que vous parez avec tant d'amour-propre et d'idolâtrie et que vous dévoilez avec si peu de pudeur pour plaire à des hommes infâmes et criminels; craignez, dis-je, que ce corps infortuné ne soit un jour revêtu d'un habillement de flammes dévorantes.

Mais je voudrais bien savoir, mesdames, de quel génie vous êtes poussées, et pour qui vous nous prenez, voulant dans un état si grossier et si déplorable, passer à nos yeux et dans l'esprit du monde chrétien pour spirituelles et dévotes, chargées comme vous êtes de la misère d'un immense et superbe Panier qui tient à la ronde au moins la place de six personnes; cause funeste de l'embarras que vous donnez dans vos passages, prenant votre Panier à deux mains et faisant voir un cercle de bois sous une jupe arrogante et fastueuse. Tel est le charmant régal et le spectacle que vous donnez au public dans nos églises, aux approches du saint autel et dans les rues de la grande ville.

N'est-ce pas aussi ce fameux Panier qui fait gémir et fend à pleines voiles le carosse où vous êtes traînées, où le noble cercle de bois pris à deux mains se déclare, et paroît en évidence sous une parure qui fait le scandale de l'église, la risée éclatante du monde universel, et qui brave par un faste audacieux la magnificence de nos saints autels.

Réfléchissez donc, mesdames, sur l'indignité, la bassesse et le néant de cet énorme Panier, dont l'acquisition vous coûte tant de peines et de folles dépenses, et la possession une si effroyable contrainte. O la grande folie que d'aimer des vanités si rampantes et si indignes d'une âme chrétienne! Cela n'appartient qu'à vous, créatures du néant, attachées servilement à une gloire humaine et périssable comme vous, qui bien loin de vous faire honneur, vous couvre de confusion et d'une éternelle ignominie, et vous fait mépriser cette gloire immortelle, que l'œil n'a jamais vue, ni l'oreille entendue, ni l'imagination humaine pu comprendre, et qui seule devrait occuper toutes vos attentions.

O quelle bassesse d'aimer une vanité si ridicule et si radieuse! En effet *si les vanités ne sont que des choses vaines*, comme le nom seul le marque assez, que sont ces Paniers aux yeux des personnes spirituelles et sensées, qu'une orgueilleuse et vaine enflure que le cœur conçoit et que la femme folle, extravagante et aliénée exécute, pour se tourner en risée à la vue du monde, des enfants mêmes et des polissons, qui en font des éclats et des cris qui retentissent jusqu'aux nues. C'est de là que vient l'aveuglement du cœur et la fureur opiniâtre de ces Paniers odieux marqués au coin de la folie et des pompes de Satan.

Est-il rien de plus éxtravagué que cette arrogance et ce faste infamant qui déshonorent la sagesse dont vous devriez faire, mesdames, une édifiante et religieuse profession. Vous la pratiquez cependant cette extravagante folie lorsqu'à votre imitation vous la faites porter aux autres, à vos enfants, à vos plus petites filles, héritières de votre vanité et de votre pitoyable misère, à vos domestiques, à vos parentes, à vos voisines, dont la plupart désolent un pauvre mari et épuisent sa bourse pour avoir un Panier; et plusieurs, manquant de pain, ne craignent pas de se réduire à l'aumône par une démarche si peu sensée et si digne de compassion. Tel est le déplorable sort des petites gens qui veulent s'en mêler aussi, de même que ces femmes avancées en âge, ces vieilles futailles et ces visages disgraciés qui ne craignent point d'augmenter leur honte et leur ignominie par l'indignité et la bassesse d'un Panier qui leur attire la risée publique des grands et des petits. Oh! que la cruauté des jugements de Dieu et la sainte pénitence seroient bien mieux placées dans ces infortunées et odieuses créatures, qui bien loin d'apprendre à se connoître et à faire leur salut, font tant d'efforts et de démarches pour se perdre, et s'exposer au péril d'une éternelle damnation!

Les Paniers ne sont pas seulement une marque de folie et d'extravagance, mais encore d'une opération diabolique et propre à exciter au péché les malheureux hommes qui les regardent avec attention, dans les femmes qui en sont parées et revêtues. Voie d'iniquité qui n'attire de la part de Dieu que des désastres et des châtiments à ces infortunées créatures, qui osent porter avec si peu de pudeur ces appâts de péchés, si propres à leur attirer les malédictions de Dieu et les foudres de sa justice; et c'est ainsi, mesdames, que votre Panier vous tient en la vie et en la mort, la servitude du péché d'orgueil qui est celui de Satan. Ce grand Panier, dis-je, qui par son enflure énorme et son étendue démesurée tient au moins la moitié d'une rue en largeur et vous fait paroître, mesdames, tantôt une porteuse d'eau, comme si deux seaux étaient sous votre jupe enflée, attachés à votre corps, tantôt comme une tambourineuse, formant à votre droite et à votre gauche, deux enflures merveilleusement aplanies au-dessus, ressemblant à deux tambours cachés sous votre jupe, et ne manquant à vos mains que deux baguettes pour toucher dessus. Vous faites encore servir ces deux enflures à soutenir vos deux coudes, étrangement fatigués de porter un fardeau si incommode et aussi lourd que votre esprit toujours en écharpe. Et c'est là, mesdames, tout ce qu'il vous faut pour vous bien tympaniser vous-mêmes dans le monde universel : en voilà assez pour vous occuper toute votre vie.

Mais non contentes de vous en tenir là, comment la passez vous cette vie destinée à faire votre salut, votre éternité heureuse ou malheureuse? Ah! vous la passez presque tout entière à vous parer, à vous plâtrer, à vous farder, à vous friser, à vous mirer, à vous idolâtrer, à traîner tout cet étalage de Satan dans les rues de la grande ville et jusqu'aux pieds de nos saints autels : c'est ainsi qu'au mépris de la pénitence, vous vous faites un amas d'iniquités que vous porterez après votre mort au tribunal de Jésus-Christ, notre grand et souverain juge, après avoir mené une vie animale, mondaine et païenne jusqu'à la fin de vos jours.

Voilà, mesdames, où se termine l'insatiable

passion de vos Paniers fameux, votre scandale public et votre délire perpétuel. Tel est le fruit de cet amour-propre qui vous rend esclaves de vous-mêmes et de ce superbe Panier, sous les apparences trompeuses duquel vous marchez et vous élevez parmi nous en souveraines ; mais ce n'est qu'en imagination et qu'en songe : car de quelque écorce que soit parée vôtre déplorable figure, la corruption en est la forme, et la cendre la matière.

Heureuses mille fois les dames chrétiennes et dévotes dont les habillements sont modestes et sans Panier, qui n'ont aucune part à la vanité du monde corrompu et réprouvé, bien différentes de celles qui aiment mieux régler la conduite de leur vie par une mode profane et criminelle, que par la sainteté de notre religion, qui devroit les animer et les enflammer.

Le nombre de ces dames choisies n'est ni petit ni médiocre. Distinguées par un exemple si édifiant, elles méritent que leurs louanges retentissent dans une infinité de bouches, en ce que, vivant dans la corruption du monde, elles n'ont rien d'étudié ni d'affecté dans leurs habillements et dans leur démarche, mais revêtues d'une aimable simplicité, elles triomphent de la vanité extravagante du siècle et de l'aveuglement affreux des dames mondaines, qui, oubliant leur propre ignominie, osent encore entreprendre de faire la guerre à ces dames fidèles et véritablement chrétiennes, qui sont sans Panier, victorieuses de l'esprit et de l'orgueil de Satan.

Voilà ce qui nous engage à publier leur bonheur et leur gloire. Nous les regardons avec admiration et avec estime, voyant que, détachées de toutes ces indécences fastueuses, elles font paroître dans leur louable conduite l'esprit d'humilité, de pénitence et de mortification chrétienne dont elles sont pénétrées, recherchant moins à se parer des ornements du siècle qu'à donner des exemples d'une haute et solide vertu, moins à porter le faste et l'orgueil de Satan qu'à se revêtir des puissantes armes de Dieu. *Induite vos armaturam Dei.* (EPHES. VI, 11.)

Mais à quoi doivent s'attendre les dames mondaines et profanes, qui sur cet article n'ont ni religion, ni pudeur, ni crainte de Dieu; voulant vivre et mourir dans l'impénitence, chargées de l'énorme poids de leur Panier, toujours fatigant et scandaleux; soit qu'elle paroissent assises ou debout dans une boutique, sous l'enflure de ce fastueux étalage, soit qu'elles se campent sur le pas d'une porte pour observer les passants ou pour les prendre au filet d'un séduisant appât. A quoi, dis-je, doivent-elles s'attendre, ces infortunées créatures, qu'à des désastres inouïs, à des châtiments rigoureux de la part de Dieu, et en ce monde et en l'autre?

Écoutez là-dessus, mesdames, le grand apôtre

saint Pierre : « Ne mettez point, vous dit-il, votre ornement à vous parer au dehors par la frisure des cheveux, par les enrichissements d'or ou par la beauté des habits; mais appliquez-vous à vous parer intérieurement par la sainteté d'un cœur pur et sans tache, par la pureté incorruptible d'un esprit plein de douceur et de paix, qui est un magnifique ornement aux yeux de Dieu. »

Éloignez donc de vous, mesdames, ces ajustements mondains et superflus qui ne servent qu'à la vanité et à la pompe, qu'à donner de nouveaux et inutiles agréments à la beauté d'un corps mortel et périssable. Mais quels sont ces châtiments de Dieu que vous ne craignez point, et que vous devez craindre, mesdames, si vous ne quittez cette voie de damnation et de scandale pernicieux. Apprenez-les du prophète Isaie :

« Comme la paille, dit-il, se consume au feu, et comme la flamme ardente la dévore, ainsi, vous serez brûlées jusqu'à la racine, (Isaie viii, 24), et vous serez réduites en poudre parce que vous avez foulé aux pieds la loi du Seigneur des armées, et que vous avez profané la parole du Saint d'Israël.

« Toutes les flèches du Seigneur ont une pointe perçante, et son arc est toujours tendu (*Id.*, 28); la roue de ses chariots est rapide comme la tempête. Il rugira comme un lion, et poussera contre vous des hurlements terribles. Il fulminera, il se lancera sur vous avec des cris perçants (*Id.*, vii,

17), et fera venir sur vous des temps si malheureux, qu'on n'en aura jamais vu de semblables.

« Les filles de Sion et les dames du siècle se sont élevées. Elles ont mesuré tous leurs pas et étudié toutes leurs démarches, revêtues de leurs habillements superbes et pompeux. Le Seigneur les dépouillera de leurs coiffures (Isaie, III, 18); il leur ôtera leurs habits magnifiques, leurs croissants d'or, leurs boîtes de parfums, leurs pendants d'oreilles, leurs bagues, leurs pierreries, leurs robes superbes, » et en nos jours l'arrogance de leurs Paniers, leurs écharpes, leur beau linge, leurs poinçons de diamants, leurs miroirs, leurs chemises de grand prix et leurs habillements légers qu'elles portent en été.

« Leur parfum sera changé en puanteur (Isaie, III, 24); leur ceinture d'or en une corde, leurs cheveux frisés en une tête nue et sans cheveux, et leur riche corps de jupe en un cilice. »

Voilà, mesdames, le sermon que j'avois à vous faire, c'est la pure et sainte parole de Dieu : vous n'oseriez y contredire, et c'est là-dessus que vous serez jugées.

Voilà comment le Seigneur s'explique à votre sujet dans les divines Écritures, et tout cela vous regarde personnellement. Renouvelez donc ici les vœux de votre baptême, si longtemps violés et profanés. Demandez-en pardon à Dieu dans l'amertume de votre âme, renoncez à l'esprit du siècle et à l'orgueil de Satan : embrassez au plus tôt la pénitence et la croix de Jésus-Christ, si vous voulez échapper à tous ces rigoureux châtiments. Pensez-y sérieusement, mesdames, c'est là votre grande affaire pour le temps et pour l'éternité.

PETITE BIBLIOGRAPHIE

DES

STOLES, BASQUINES, VERTUGALES ET PANIERS

1 *Le Débat et Complainte des meuniers et meunières, à l'encontre des vertugales,* en forme de dialogues. — Paris, 1556, in-8.
2 *Le Blason des basquines et vertugales, avec la belle remontrance qu'ont fait quelques dames, quand on leur a remontré qu'il n'en falloit plus porter.* — Lyon, Benoit Rigaud, 1563.
3 *Chanson pour la responce et consolation des dames,* in-12, S. D.
4 *La Complainte de M. le Cul contre les inventeurs des vertugalles.* — Paris, Guill. Hyver, in-8, S. D.
5 *Réponse de la vertugalle au Cul, en forme d'invective.*
6 *Brief et superficiel discours sur l'immodestie et superfluité des Habits,* par H. D. C., av. à Lyon. — Lyon, ant. Gryphius, 1577, in-4 (1).
7 *Discours sur la mode.* — Paris, Ramier. 1613, in-8.

(1) Ce H. D. C. était Hiérôme de Châtillon, président au parlement de Dombes et au présidial de Lyon.

On pourroit s'étonner de la réunion sur une même tête de deux titres si différents; mais il faut se rappeler que, lors de la défection du connétable de Bourbon et de la confiscation de ses biens, on créa un parlement pour la principauté de Dombes, qui lui avait appartenu et on le plaça à Lyon, où il est resté jusqu'en 1696. Plusieurs Lyonnais ont donc pu avoir et ont eu simultanément des charges au parlement de Dombes et au présidial de Lyon, ces deux cours séant dans la même ville.

8 *Octavii Ferrari De re vestiaria,* libri VII. Patavii, in-4, 1654.

9 *Alb. Rubenius, De re vestiara veterum præcipue de lato clavo libri duo et alia ejusdem opuscula posthuma: accedit J. Bapt. Donii de utraque pœnula.* — Anvers, Moret, 1665, in-4, fig.

10 *Hieronimus Bossius, De toga romana commentarius.* — Amsterdam, 1671, fig.

11 *Sigism. Jac. Apini de Loricis linteis veterum et novo Loricarum invente.* — Altorf, in-4, 1717.

12 *Satyre nouvelle contre le luxe des femmes.* — 1704, in-12.

13 *Les Paniers,* comédie par Legrand. — Paris, 1722, in-12.

14 *Les Paniers* ou *les vieilles Précieuses* (1). — Paris, Caillaux, 1724, in-12.

15 *Cas de conscience sur les paniers,* par le P. DUGUET. — Paris, 1724.

16 *L'Indignité et extravagance des paniers pour des femmes sensées et chrétiennes.* — Paris, 1735, in-12.

17 *Les Paniers supprimés au théâtre.* — Paris, 1756, in-12.

18 *Entretien d'un confesseur et d'une coquette sur les paniers.* — Paris, 1735, in-12.

19 *Le Caleçon des coquettes du jour.* — Paris, 1753, in-12.

20 *Les Toilettes tapageuses,* vaudeville en un acte, par M. Dumanoir.

21 *La Chasse aux jupons,* par Max d'APREVAL. — Paris, Delaroque, 1858, in-16.

22 *Crinolines et volants,* par Raoul L. DE LA MORILLIÈRE. — Bordeaux, 1855, in-16.

23 *La Vérité aux femmes sur l'excentricité des modes et de la toilette,* par le chevalier de DONCOURT. — Paris, Périsse frères, in-18.

24 *Rien à mettre* ou *Crinoline ou misère,* poëme de W. Allen BUTLER, trad. par A. LEROY. — Paris, Fowler, 1858, in-18.

(1) Cette pièce est de l'auteur d'un roman intitulé : *Les Aventures du voyageur aérien,* histoire espagnole, à la suite duquel elle est imprimée.

TABLE

PARIS, IMPRIMERIE DE PILLET FILS AINÉ.

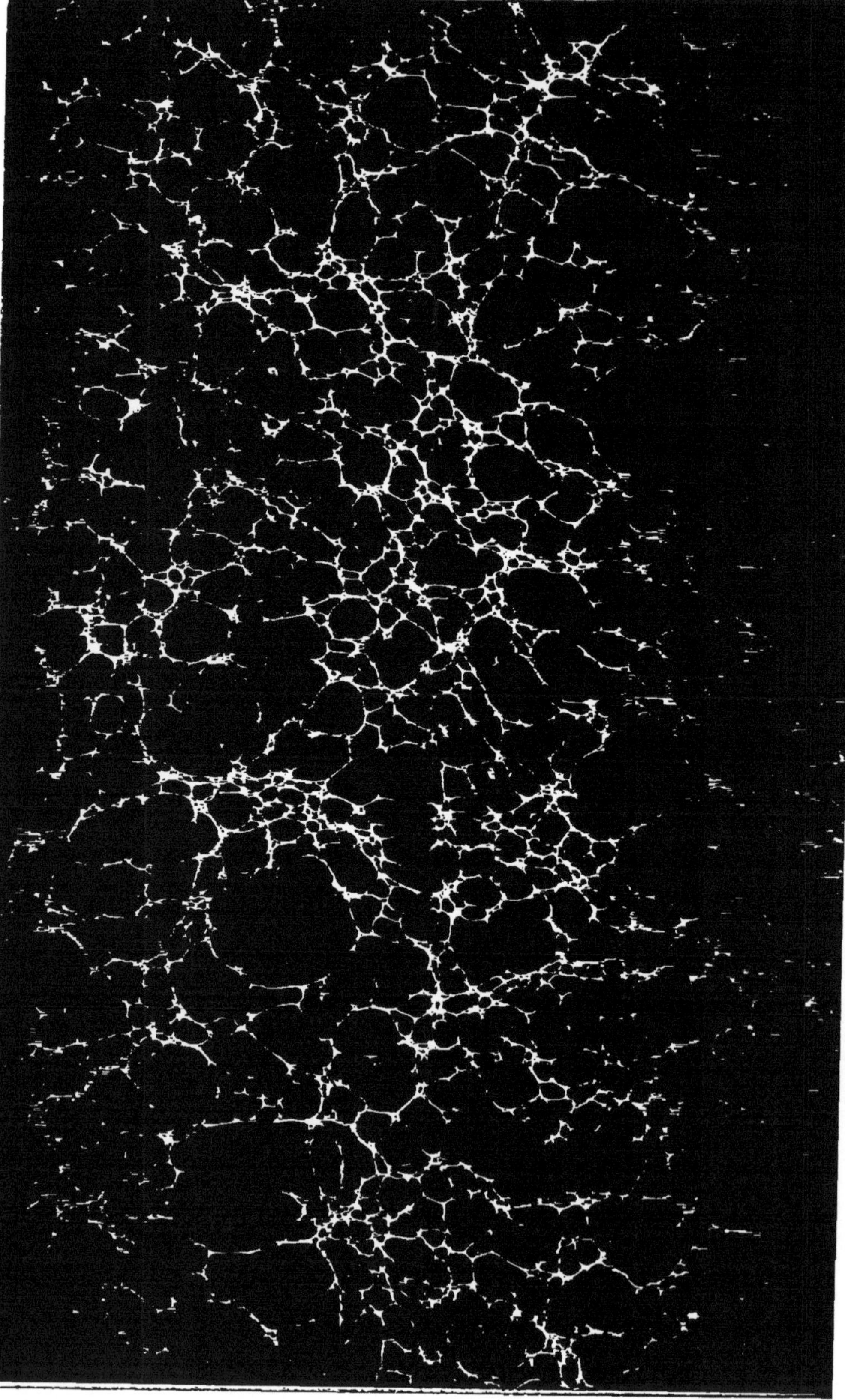

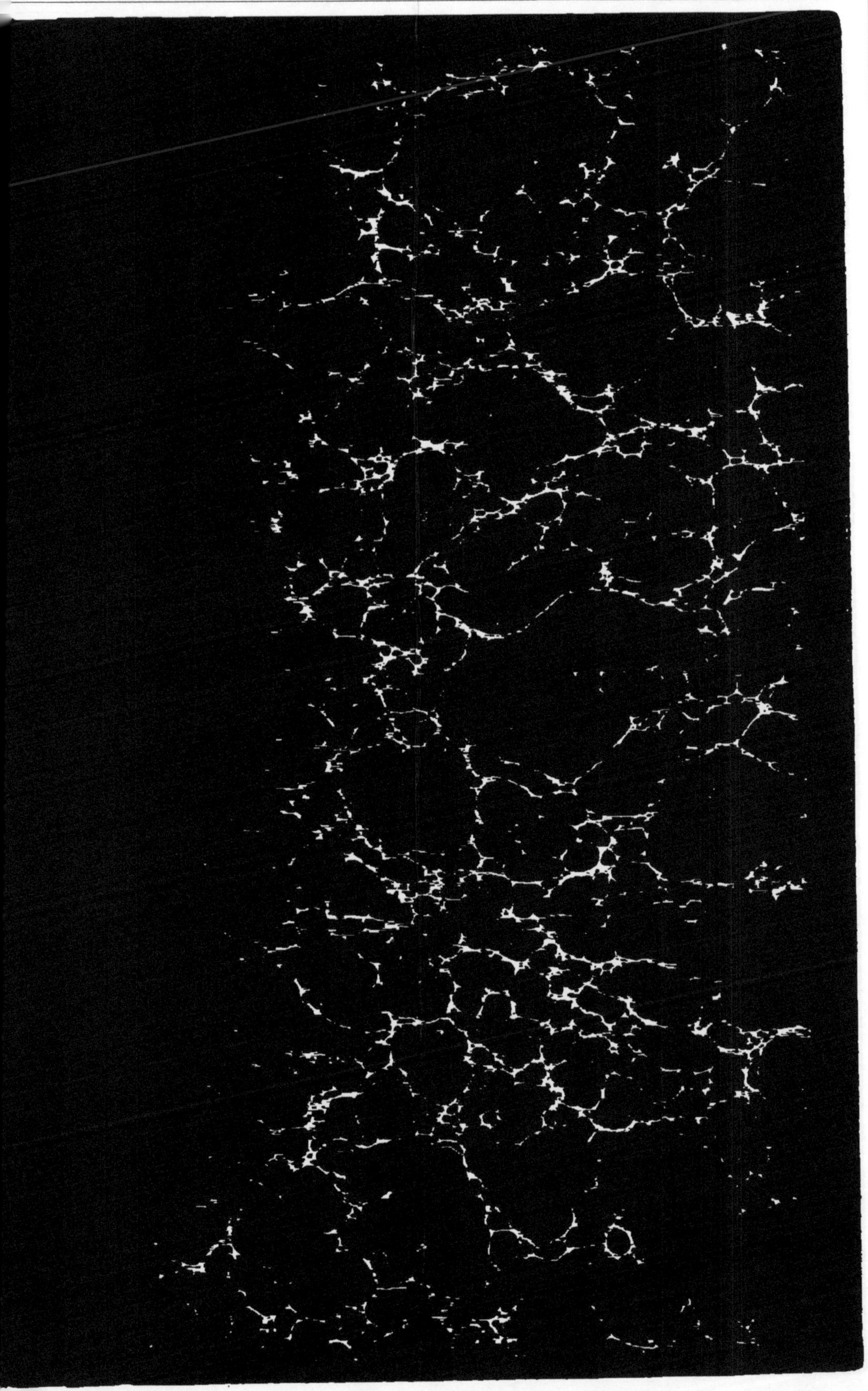

www.ingramcontent.com/pod-product-compliance
Ingram Content Group UK Ltd.
Pitfield, Milton Keynes, MK11 3LW, UK
UKHW020236220726
13923UKWH00002B/680

9 782014 442533